TRY! トライ START

히라가나부터 싹 트는 일본어

저자 町田恵子・藤田百子・向井あけみ・草野晴香

시원스쿨닷컴

はじめに

『TRY! START にほんご はじめよう』を選んでくださって、ありがとうございます。
この本は、『TRY! 日本語能力試験 文法から伸ばす日本語』シリーズの姉妹版として、日本語をはじめて勉強する皆さんのために作りました。

外国語の勉強は、
1．文字と言葉を覚えること、2．文法を理解すること、3．コミュニケーションをすることです。
本書は、無理なく言葉を覚えたり、会話を楽しんだりすることができるようにと思って作成しました。

第１章は文字を覚えるコーナーです。音声データなど、ウェブコンテンツも活用して、いつでもどこでも、短い時間でも練習ができますから、楽しみながら、ひらがなやカタカナ、漢字と友達になってください。そして、文字を覚えながら、わかる言葉の数も増やしましょう。ひらがなやカタカナを覚え、漢字が少し理解できたら、第１章は卒業です。

第２章は会話と練習のコーナーです。皆さんは子供のころ、周囲の大人の話を聞いて、「ああ、こんなときには、こう言うのか」と理解して、話し始めたと思います。そのとき、文法の心配はしなかったでしょう。子供が自然に言葉を覚える、そんな風にシチュエーションを理解して言葉を使う練習をしてください。

この本の「TRY!」という名前には、気軽にやってみようという意味と、ラグビーのトライ（Try）のように、がんばったことが得点につながるという意味を込めました。皆さんがこの本で日本語を使って楽しく自己表現ができるようになりますよう、お祈りしています。

2022年１月　著者一同

시작하며

한국에 계신 일본어 학습자 여러분, 『TRY! START 히라가나부터 싹트는 일본어』를 통해 만나 뵙게 되어 반갑습니다. 이 교재는 『TRY! JLPT 일본어능력시험 문법으로 입 트이는 일본어』 시리즈와 함께 공부할 수 있도록 일본어를 처음 접하는 학습자분들을 위해 만들어졌습니다.

외국어를 학습한다는 것은,
첫째, 글자와 표현을 익히는 것이고 둘째, 문법을 이해하는 것이며 셋째, 상대와 의사소통을 하는 것입니다.
이 교재는 일본어 학습자 여러분들이 큰 어려움 없이 언어를 배우고 즐겁게 커뮤니케이션할 수 있도록 돕는 것을 목적으로 합니다.

제1장은 글자를 익히는 코너입니다. 음원 파일과 온라인 부가 콘텐츠를 활용하여 언제 어디서든 쉽고 편하게 연습할 수 있게 구성하였습니다. 히라가나, 가타카나 그리고 한자까지 일본어 글자들과 친구가 되어보세요. 그리고 글자를 익히며 어휘도 조금씩 늘려가 보세요. 히라가나, 가타카나 학습부터 시작하여 한자에 조금 익숙해졌다면 제1장은 목표 달성입니다.

제2장은 회화와 연습 코너입니다. 어린 시절 주위 어른들이 하는 말을 듣고 '이럴 땐 이렇게 말하는구나'라는 생각을 하며 말을 배웠던 기억, 있지 않나요? 그 당시 문법적인 지식의 여부는 중요하지 않았을 겁니다. 아이가 자연스레 말을 배우는 것과 같은 원리로 상황을 이해하고 일본어를 사용할 수 있도록 연습해 보세요.

이 교재에 붙여진 'TRY'라는 이름은 가볍게 시작해 보자는 의미와 함께 럭비 경기에서 공격수가 상대편 골 라인 안에 공을 찍어 득점하는 트라이(Try)와 같이 최선을 다했을 때 좋은 결과가 뒤따른다는 의미를 담았습니다. 이 책을 통해 많은 일본어 학습자분들이 자유롭게 일본어를 구사하고 의사 표현이 가능할 수 있게 되길 진심으로 기원합니다.

2022년 1월 집필진 일동

この本をお使いになる皆さんへ

この教材には、本冊、別冊と公式サイトでダウンロードできる音声などのコンテンツがあります。

1．本冊

ひらがな・カタカナ・漢字を学習する第１章と、日本語の会話に慣れるための第２章で構成されています。

各章の構成

［第1章　もじ］

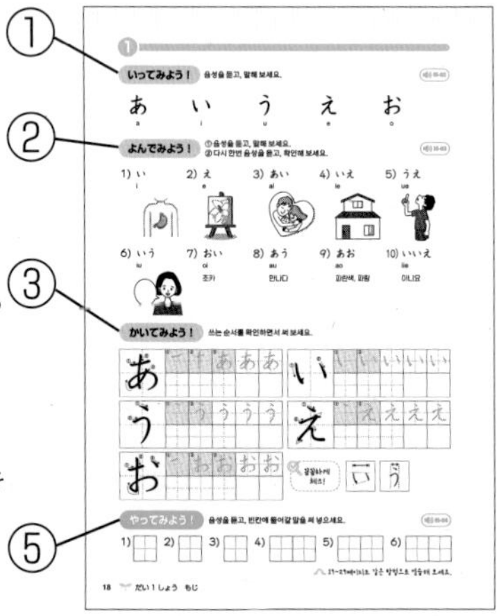

① **いってみよう！**
音声を聞いて、言って覚えましょう。

② **よんでみよう！**
①音声を聞いて、あとについて読みましょう。
②ひとつずつ自分で読んでから、音声を聞いて確認しましょう。

③ **かいてみよう！**
見本を見ながら正しい書き順で書きましょう。上段ではグレーの文字をなぞります。間違えやすい文字については書き方のポイントを示しました。

④ **れんしゅうシート**
公式サイトから「れんしゅうシート」をダウンロードしてください。グレーの文字をなぞり、単語で文字を練習します。書くときに、単語の意味を覚える必要はありません。書いたあとで、読んでみましょう。

⑤ **やってみよう！**
きちんと覚えたか、聞いて書く問題で確認しましょう。

※ 漢字を楽しく紹介するページもあります。漢字がどのような文字なのか知ってください。

［第2章　かいわ］

①
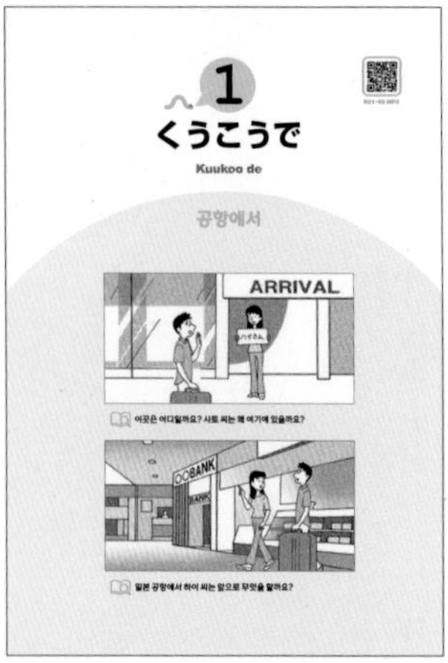

②
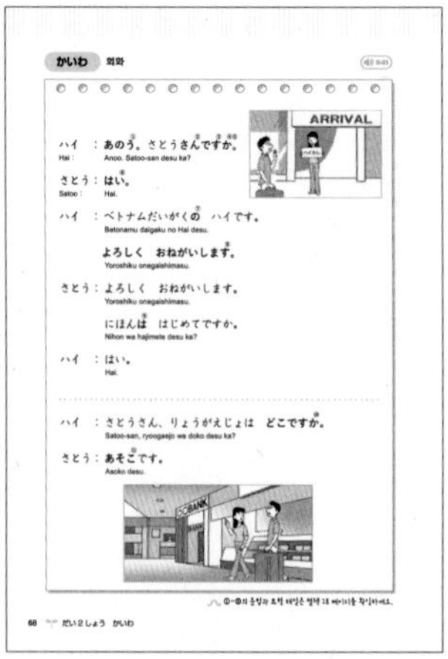

③

④
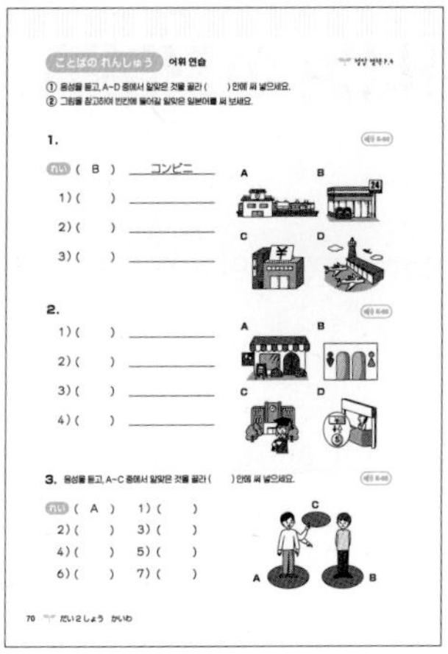
ことばの れんしゅう

⑤
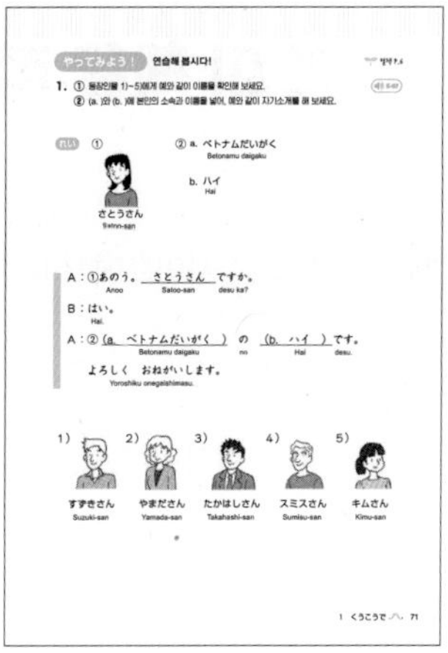
やってみよう！

① かいわ のイラストと質問

イラストを見ながら、その場面でどんなことが話されるかイメージしてください。

② かいわ

日本人と話す場面で、すぐに使えるものを載せました。新しい文法項目や表現は太字にして番号が振ってあります。文法や表現の解説は別冊にあります。

③ ことば いっしょに おぼえよう！

イラストで新出語を覚えましょう。便利な表現も覚えてください。

④ ことばの れんしゅう

単語を覚えたかどうか確認できる言葉クイズが載っています。

⑤ やってみよう！

かいわ に出てきた表現を使って話す練習をしましょう。音声データで、実際に会話しているように練習できます。

※ 巻末に、「文法・表現リスト」があります。

2. 別冊

- 第1章 やってみよう！ 、 ひらがなテスト 、 TRY! 、 カタカナテスト の答え
- 第2章 ことばの れんしゅう 、 れんしゅう の答え、 やってみよう！ の答え・答えの例・スクリプト
- 第2章 かいわ の訳文と、文法・表現の解説（訳含）

3. 公式サイト

http://japan.siwonschool.com

音声データやコンテンツがウェブサイトからダウンロードできます。

- 第1章・第2章「音声データ」(mp3)
- 第1章「れんしゅうシート」(pdf)

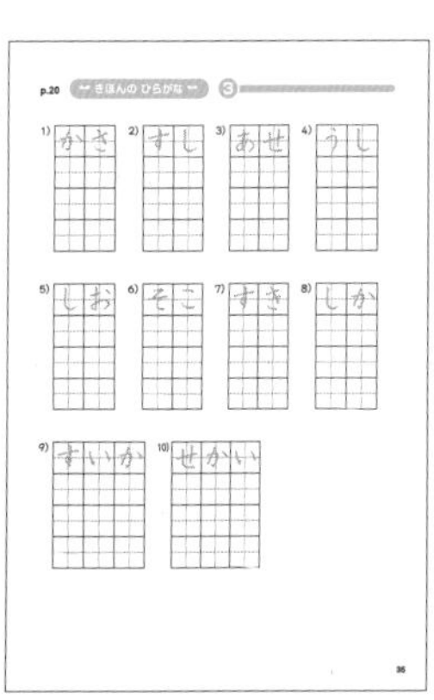
れんしゅうシート

이 책을 학습하시는 여러분께

본 교재에는 본책, 별책 및 시원스쿨 사이트에서 다운로드 가능한 MP3 등의 콘텐츠가 포함되어 있습니다.

1. 본책

제1장에서는 히라가나 · 가타카나 · 한자 학습을, 제2장에서는 일본어 회화를 중심적으로 학습할 수 있도록 구성해 두었습니다.

각 장의 구성

[제1장 문자]

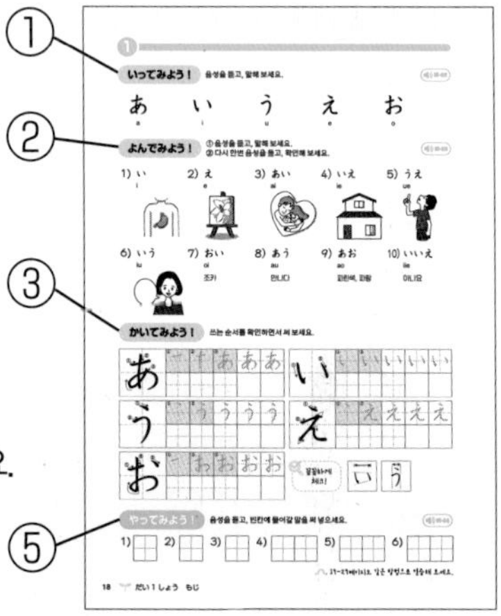

① **いってみよう！ 말해 봅시다!**
음성을 듣고 말하며 외워 봅시다.

② **よんでみよう！ 읽어 봅시다!**
① 음성을 듣고 따라 읽어 봅시다.
② 하나씩 읽고 음성을 들으며 확인해 봅시다.

③ **かいてみよう！ 써 봅시다!**
예를 보고 올바른 순서대로 써 봅시다. 위 칸의 회색 글씨를 채워 보세요.
헷갈리기 쉬운 문자는 '꼼꼼하게 체크하기'에서 다뤄 놓았습니다.

④ **れんしゅうシート 연습 시트**
시원스쿨 사이트에서 연습 시트를 다운로드해 주세요. 회색 글씨를 채우고, 단어를 통해 문자를 연습해 봅시다.
쓰면서 단어의 의미를 외울 필요는 없습니다. 쓰고 난 후 한번 읽어 보세요.

⑤ **やってみよう！ 연습해 봅시다!**
제대로 외웠는지 듣고 쓰는 문제로 확인해 봅시다.

※ 한자를 재밌게 소개해 주는 페이지도 있습니다. 한자가 어떤 문자인지 알아보세요.

[제2장 회화]

①

②
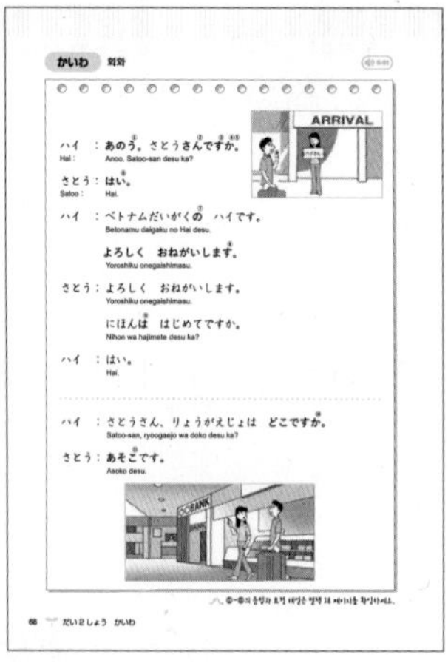

③
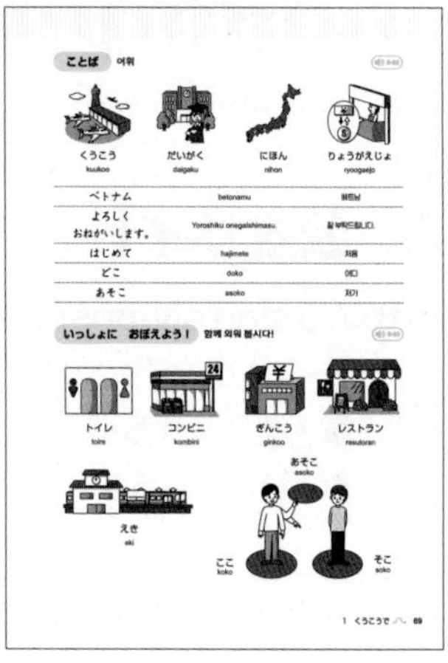

④
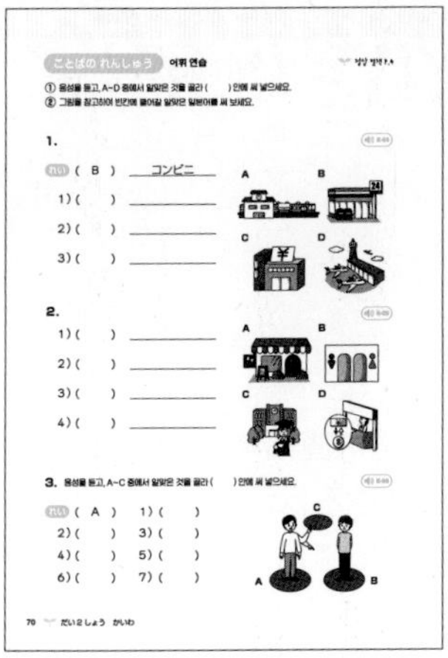

⑤

① かいわ 미리보기

일러스트를 보면서 그 상황에서 어떤 말이 오고 갈지 상상해 보세요.

② かいわ 본문 회화

일본인과 이야기해야 하는 상황에서 바로 쓸 수 있는 표현을 담았습니다. 새로운 문법이나 표현은 굵은 글씨로 번호가 달려있습니다. 문법과 표현에 대한 해설은 별책에 수록되어 있습니다.

③ ことば いっしょに おぼえよう！ 어휘 · 함께 외워 봅시다!

일러스트를 보면서 새로운 단어를 외워 봅시다. 유용한 표현도 함께 외워 주세요.

④ ことばの れんしゅう 어휘 연습

단어를 외웠는지 체크할 수 있는 퀴즈가 실려 있습니다.

⑤ やってみよう！ 연습해 봅시다!

かいわ 에 나온 표현을 사용해서 말하기 연습을 해 봅시다. MP3 음성 파일을 통해 실제 대화하고 있는 것처럼 연습할 수 있습니다.

※ 책 끝에 '문법 · 표현 리스트'가 수록되어 있습니다.

2. 별책

- 제1장 やってみよう！、ひらがなテスト、TRY!、カタカナテスト 의 정답
- 제2장 ことばの れんしゅう、れんしゅう 의 정답、やってみよう！ 의 정답 · 정답 예시 · 스크립트
- 제2장 かいわ 의 해석, 문법 · 표현 해설(번역 포함)
- 히라가나 · 가타카나 연습시트

3. 부가 자료

- 제1장 · 제2장 mp3 파일
- 히라가나 · 가타카나 연습시트 pdf 별도 제공

일본 현지에서 녹음한 생생한 mp3 파일과 pdf 연습 시트를 제공합니다.

※ MP3 파일 및 PDF 연습 시트

시원스쿨 홈페이지(japan.siwonschool.com)의 수강신청 탭

➡ 교재/MP3에서 다운로드하실 수 있습니다.

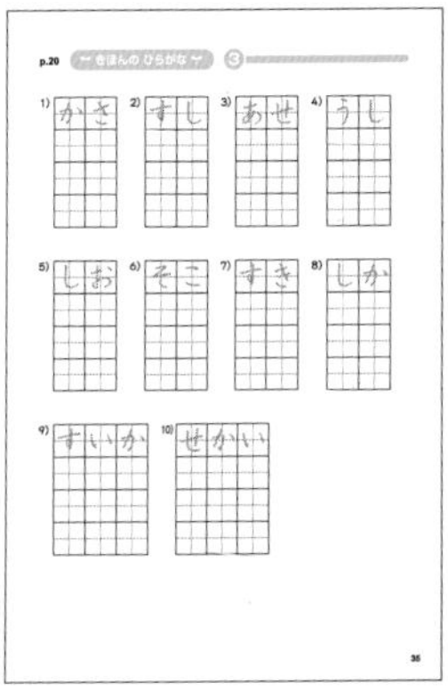

れんしゅうシート

この本をお使いになる先生方へ

この本をお使いくださり、ありがとうございます。
近年、観光客の増加に伴って、海外の学習者も生の日本語に直に触れる機会が増え、日本語の習得に対する興味も増していることでしょう。本書の目指すところは、現実的な場面で、具体的に日本語がどのように使われているかを目で見て、感じて、それを踏まえて文法の基礎を学ぶことです。特に入門段階において、枠組みとしての文法をきちんと把握することは、その後の日本語の運用にとって非常に重要だと思います。

［第２章 かいわ］は **かいわ** のシチュエーションから文法項目に自然になじみ、さらに発話につなげることで自己表現もできるように作成しました。
ここでは、日本人との交流を通じて日本語を感じてもらえるよう、以下の場面を設定しています。

	タイトル	場面
1	くうこうで	空港へ迎えに行く
2	レストランで①	レストランに入ってメニューを見る
3	レストランで②	レストランで料理について話す
4	レストランで③	公園に行こうと誘う
5	バスで	日本語の勉強方法について話す
6	こうえんで	公園を散策する
7	さとうさんの　うちで①	家族を紹介する／飲み物などを勧める
8	さとうさんの　うちで②	趣味について話す／フライト予定を確認する
9	タクシーで	空港までの金額や時間を確認する／お土産を勧める／別れの挨拶

学習者の持つ背景知識を十分に活用してイメージ作りができるような内容、学習者自身が実際に日本人と交流したいと思えるような内容になっています。本書を使ってご指導される先生方にも、ぜひ学習者の方とともにハイさんと佐藤さんのやりとりを楽しんでいただきたく存じます。

授業のために

公式サイト（http://www.japan.siwonschool.com）で、授業に役立つ資料がダウンロードできます。ぜひご活用ください。

本書につきまして、何かご意見などございましたら、どうぞお寄せくださいますよう、お願い申し上げます。

이 책을 활용하시는 선생님께

선생님 여러분, TRY 교재를 활용해 주셔서 진심으로 감사드립니다.
최근 일본을 방문하는 관광객 증가에 따라 학습자들이 직접적으로 일본어를 접할 기회가 늘어났고, 일본어 학습에 대한 흥미도 증가하고 있습니다. 본 교재의 목표는 실제 상황에서 일본어가 어떻게 쓰이는지 눈으로 보고 피부로 느끼는 과정을 통해 문법의 기초를 다지는 것입니다. 특히 입문 레벨에서 문법의 틀을 탄탄하게 갖추는 것은 향후 일본어 활용 능력에 있어서 매우 중요하다 생각됩니다.

[제2장 회화]는 **かいわ** 상황에서 등장하는 문법 표현들을 학습자가 자연스럽게 익히고 나아가 입 밖으로 내뱉는 연습을 통해 자유로운 의사 표현이 가능하도록 구성하였습니다.
본 교재에서는 학습자가 일본인과의 커뮤니케이션을 통해 일본어를 자연스럽게 접할 수 있도록 아래와 같이 다양한 상황들을 테마로 설정하였습니다.

	타이틀	상황
1	くうこうで	공항에 마중 나간다
2	レストランで①	레스토랑에 들어가 메뉴판을 본다
3	レストランで②	레스토랑에서 요리에 대해 이야기한다
4	レストランで③	공원에 가자고 권유한다
5	バスで	일본어 공부 방법에 대해 이야기한다
6	こうえんで	공원을 산책한다
7	さとうさんの　うちで①	가족을 소개한다 / 마실 것 등을 권한다
8	さとうさんの　うちで②	취미에 대해 이야기한다 / 항공편 일정을 확인한다
9	タクシーで	공항까지 드는 요금이나 시간을 확인한다 / 기념품을 추천한다 / 헤어질 때 하는 인사

위 테마는 학습자가 가진 배경지식을 활용하여 상황을 그려보거나, 학습자 스스로가 일본인과의 커뮤니케이션에 대한 흥미를 느낄 수 있도록 구성되어 있습니다. 본 교재로 지도하시는 선생님분들께서도 각 테마에 등장하는 하이 씨와 사토 씨가 주고받는 표현들을 학습자와 함께 즐겁게 활용해 주시길 바랍니다.

수업을 위해

시원스쿨 사이트(japan.siwonschool.com)에서 수업에 도움이 될 만한 자료를 다운로드할 수 있습니다.
꼭 활용해 주시기 바랍니다.

본 책에 대해 의견 사항이 있으실 경우, 시원스쿨 사이트로 문의 바랍니다.

e-TRY와 함께 떠나는 랜선 어학연수

지금까지 갖고 있던 학습 고민 !
네이티브 선생님이 집중 케어 해주는
e-TRY 온라인 강의가 국내에 상륙했습니다 !

▶ **TRY 도서와 e-TRY 온라인 강의 연계 학습으로 한층 탄탄하게 공부해 봅시다.**

<TRY 시리즈 도서>

eTRY!日本語 JLPT N1
eTRY!日本語 JLPT N2
eTRY!日本語 JLPT N3
eTRY!日本語 JLPT N4
eTRY!日本語 JLPT N5
eTRY!日本語 JLPT START

<e-TRY 유료 온라인 강의>
※2022년 출시 예정

▶ **TRY 교재 내용을 바탕으로 네이티브 선생님의 해설 강의와 액티비티 중심의 즐겁고 다양한 학습 Tool이 가미된 신개념 학습 콘텐츠입니다.**

< 오리엔테이션 >

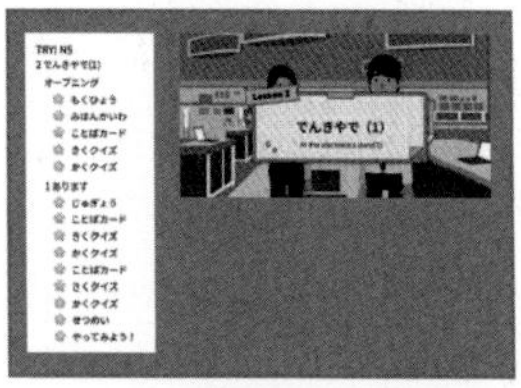

수업에 들어가기 전,
학습 목표 설정하며
오리엔테이션

< 회화문 >

자주 쓰이는 실전 상황문으로
회화와 청해 실력 UP

< 롤플레잉 >

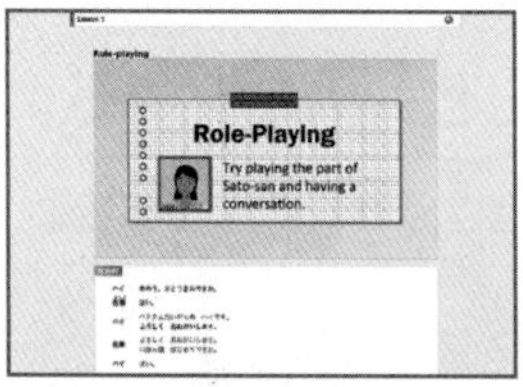

롤플레잉으로
혼자서도 회화 연습 가능

< 단어 퀴즈 타임 >

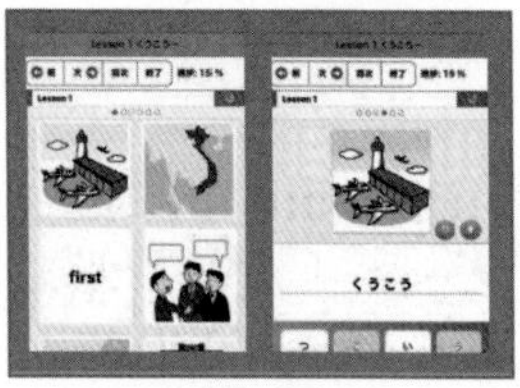

다양한 유형의 단어 퀴즈로
재미는 UP 지루함은 DOWN

< 표현 집중 학습 >

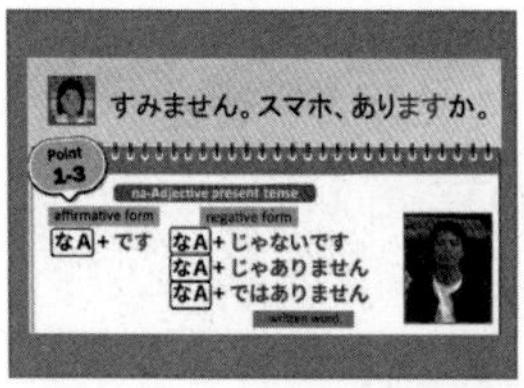

네이티브 선생님이 알려주는
패턴 반복 학습으로
실력 UP

< 마무리 학습 >

배운 표현을 활용한
리마인드 퀴즈를 통해
마무리 학습

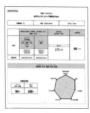

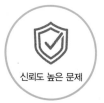

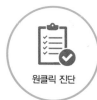

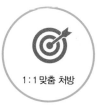

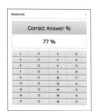

もくじ

목차

だい２しょう　かいわ　　제 2 장　회화

だい 1 しょう
もじ

Dai 1 shoo
Moji

제 1 장
문자

にほんごの もじ

Nihon-go no moji

일본어의 문자

日本語の文字には、ひらがな、カタカナ、漢字の３種類があります。また、アルファベットも使われます。

일본어의 문자는 히라가나, 가타카나, 한자 이렇게 3종류가 있습니다. 그리고 알파벳도 사용됩니다.

<u>バス</u> <u>で</u>　<u>行</u><u>きます</u>。

가타카나 히라가나 한자 히라가나

버스로 갑니다.

ひらがな：
動詞や形容詞の活用する部分や助詞など、文法的な働きを担います。

히라가나:
동사나 형용사의 활용하는 부분이나 조사 등 문법적인 기능을 담당합니다.

カタカナ：
おもに外来語や外国の地名・人名、擬音語を表すのに使います。

가타카나:
주로 외래어나 외국의 지명·인명, 의성어를 나타내는 데 사용합니다.

漢字：
もともとは中国から来た文字です。それぞれの文字に意味があります。

한자:
본래 중국에서 온 문자입니다. 문자 하나하나에 의미가 있습니다.

<u>CD</u> を　買いました。　CD를 샀습니다.

アルファベットは、「IT」、「LDK」、「ID」など、外来語の頭文字などの形で使われています。

알파벳은 'IT', 'LDK', 'ID' 와 같이 외래어의 약자를 나타낼 때 사용됩니다.

日本の文字は、横の線は左から右へ、たての線は上から下へ書きます。

일본어 문자의 가로 쓰기는 왼쪽에서 오른쪽으로, 세로 쓰기는 위에서 아래로 씁니다.

1

ひらがな

Hiragana

M01~54 MP3

きほんの ひらがな

기본 히라가나

M-01

	a		i		u		e		o	
	a	あ	i	い	u	う	e	え	o	お
k	ka	か	ki	き	ku	く	ke	け	ko	こ
s	sa	さ	**shi**	し	su	す	se	せ	so	そ
t	ta	た	**chi**	ち	**tsu**	つ	te	て	to	と
n	na	な	ni	に	nu	ぬ	ne	ね	no	の
h	ha	は	hi	ひ	**fu**	ふ	he	へ	ho	ほ
m	ma	ま	mi	み	mu	む	me	め	mo	も
y	ya	や			yu	ゆ			yo	よ
r	ra	ら	ri	り	ru	る	re	れ	ro	ろ
w	wa	わ							o	を
	n/m/ŋ	ん								

1

いってみよう！ 음성을 듣고, 말해 보세요.

M-02

あ	い	う	え	お
a	i	u	e	o

よんでみよう！
① 음성을 듣고, 말해 보세요.
② 다시 한번 음성을 듣고, 확인해 보세요.

M-03

1) い
i

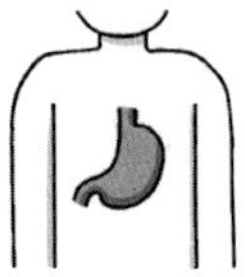

2) え
e

3) あい
ai

4) いえ
ie

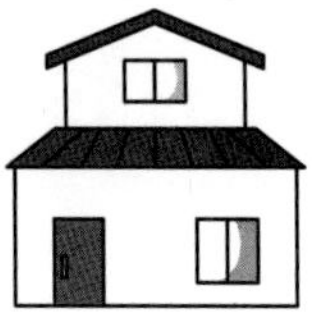

5) うえ
ue

6) いう
iu

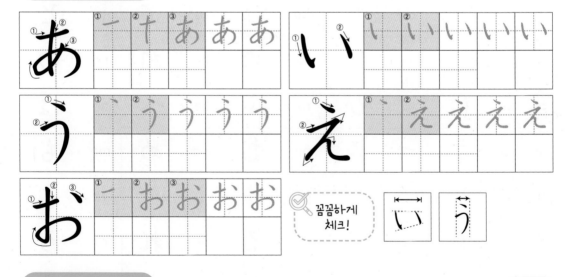

7) おい
oi
조카

8) あう
au
만나다

9) あお
ao
파란색, 파랑

10) いいえ
iie
아니요

かいてみよう！ 쓰는 순서를 확인하면서 써 보세요.

	①	②	③		
あ	一	ナ	あ	あ	あ

	①	②			
い	い	い	い	い	い

	①	②			
う	ヽ	う	う	う	う

	①	②			
え	ヽ	え	え	え	え

	①	②	③		
お	一	お	お	お	お

꼼꼼하게 체크!

い　う

やってみよう！ 음성을 듣고, 빈칸에 들어갈 말을 써 넣으세요.

M-04

1) ☐　2) ☐　3) ☐　4) ☐☐　5) ☐☐　6) ☐☐

19~29페이지도 같은 방법으로 연습해 보세요.

2

いってみよう！

M-05

か	き	く	け	こ
ka	ki	ku	ke	ko

よんでみよう！

M-06

1) いけ
ike

2) こい
koi

3) かお
kao

4) かき
kaki

5) えき
eki

6) かい
kai

7) かく
kaku

8) あき
aki
가을

9) こえ
koe
목소리

10) きかい
kikai
기계

かいてみよう！

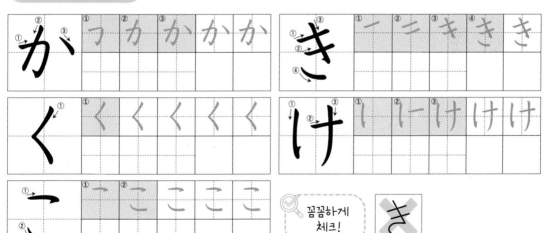

か ① ② ③ か か

き ① ② ③ ④ き

く ① く く く く

け ① ② ③ け け

こ ① ② こ こ こ

꼼꼼하게 체크!

~~き~~

やってみよう！

M-07

1) 2) 3) 4) 5) 6)

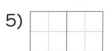

3

いってみよう！

M-08

さ	し	す	せ	そ
sa	**shi**	su	se	so

よんでみよう！

M-09

1) かさ kasa

2) すし sushi

3) あせ ase

4) うし ushi

5) しお shio

6) そこ soko

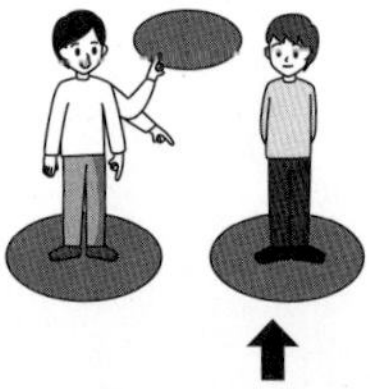

7) すき suki

8) しか shika

9) すいか suika

10) せかい sekai 세계

かいてみよう！

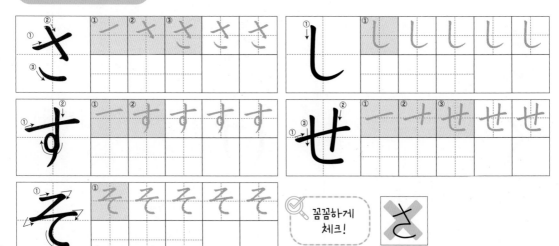

さ ① ② ③ さ さ さ

し ① し し し し し

す ① ② す す す す

せ ① ② ③ せ せ せ

そ ① そ そ そ そ そ

꼼꼼하게 체크!

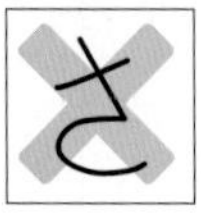

やってみよう！

M-10

1) 2) 3) 4) 5) 6)

4

いってみよう！

M-11

た	ち	つ	て	と
ta	chi	tsu	te	to

よんでみよう！

M-12

1) て
te

2) つき
tsuki

3) くち
kuchi

4) おと
oto
소리

5) そと
soto
밖, 바깥

6) たつ
tatsu
일어서다

7) たいこ
taiko

8) つくえ
tsukue

9) おとこ
otoko

10) ちかてつ
chikatetsu

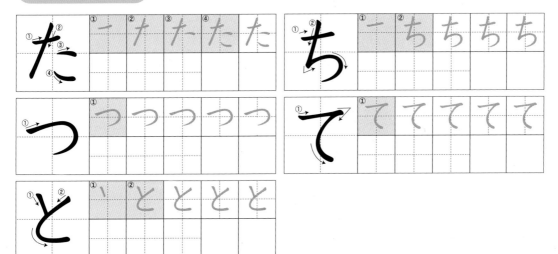

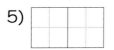

かいてみよう！

た	①一	②ナ	③た	④た	た
ち	①一	②ち	ち	ち	ち
つ	①つ	つ	つ	つ	つ
て	①て	て	て	て	て
と	①丶	②と	と	と	と

やってみよう！

M-13

1) 2) 3) 4) 5) 6)

5

いってみよう！

な	に	ぬ	ね	の
na	ni	nu	ne	no

よんでみよう！

1) いぬ
inu

2) ねこ
neko

3) にく
niku

4) ぬの
nuno
옷감, 천

5) なつ
natsu
여름

6) きつね
kitsune

7) さかな
sakana

8) きのこ
kinoko

9) おかね
okane

10) にかい
nikai
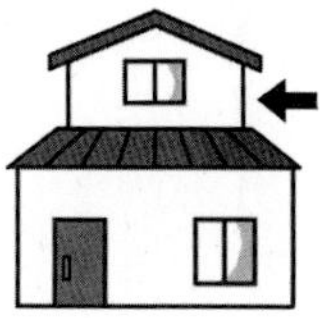

かいてみよう！

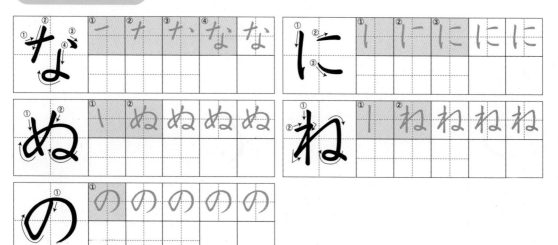

な	①	②	③	④ な	な
に	①	②	③ に	に	に
ぬ	①	② ぬ	ぬ	ぬ	ぬ
ね	①	② ね	ね	ね	ね
の	① の	の	の	の	の

やってみよう！

1)
2)
3)
4)
5)
6)

6

いってみよう！

M-17

はひふへほ

ha hi **fu** he ho

よんでみよう！

M-18

1) はな hana

2) ふえ fue

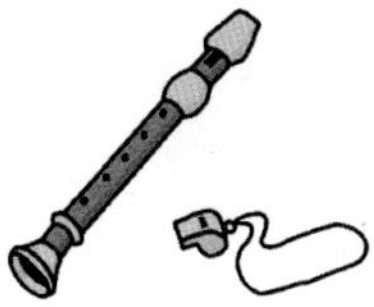

3) はこ hako

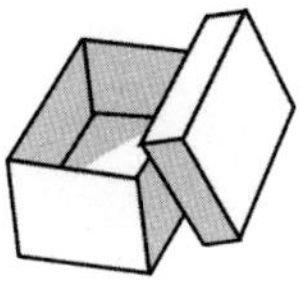

4) ふね fune

5) ほし hoshi

6) ひと hito

7) へそ heso

8) ほね hone

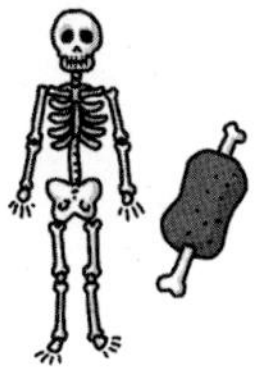

9) ふく fuku

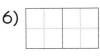

10) ひなた hinata 양지, 햇볕

かいてみよう！

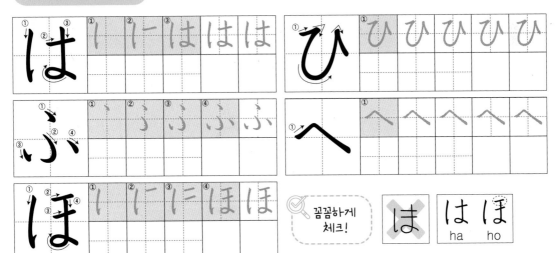

は ① ② ③ | は は は

ひ ① | ひ ひ ひ ひ ひ

ふ ① ② ③ ④ | ふ ふ ふ ふ ふ

へ ① | へ へ へ へ へ

ほ ① ② ③ ④ | ほ ほ ほ ほ ほ

꼼꼼하게 체크!

ほ (×)

は ほ
ha ho

やってみよう！

M-19

1) 2) 3) 4) 5) 6)

7

いってみよう！

M-20

ま	み	む	め	も
ma	mi	mu	me	mo

よんでみよう！

M-21

1) うま
uma

2) むし
mushi

3) かめ
kame

4) こま
koma

5) みみ
mimi

6) あめ
ame

7) くも
kumo

8) にもつ
nimotsu

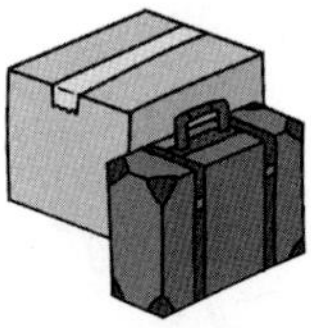

9) はさみ
hasami

10) むすめ
musume
딸

かいてみよう！

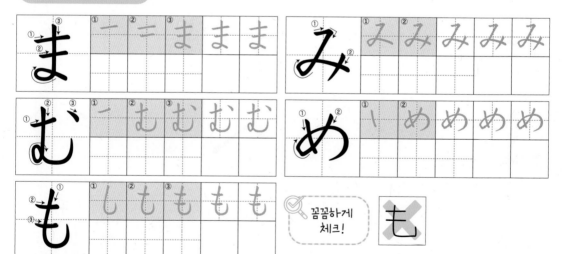

ま ①②③	① 一	② 二	③ ま	ま	ま
み ①②	① ㇱ	② み	み	み	み
む ①②③	① 一	② む	③ む	む	む
め ①②	① ㇏	② め	め	め	め
も ①②③	① し	② も	③ も	も	も

꼼꼼하게 체크!

~~も~~

やってみよう！

M-22

1) □ 2) □ 3) □ 4) □□ 5) □□ 6) □□

8

いってみよう！

M-23

や	ゆ	よ
ya	yu	yo

よんでみよう！

M-24

1) やま
yama

2) よむ
yomu

3) ゆめ
yume

4) やね
yane

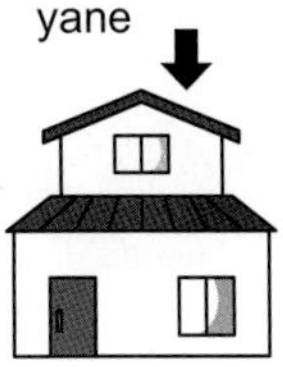

5) ゆき
yuki

6) ふゆ
fuyu
겨울

7) おゆ
oyu
뜨거운 물

8) よこ
yoko
옆, 가로

9) やすむ
yasumu

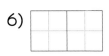

10) ゆかた
yukata
유카타
(일본 전통 의상의 한 종류)

かいてみよう！

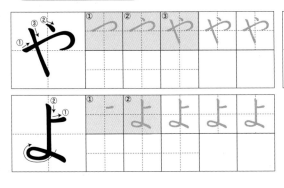

や ゆ よ

やってみよう！

M-25

1) 2) 3) 4) 5) 6)

9

いってみよう！

M-26

ら	り	る	れ	ろ
ra	ri	ru	re	ro

よんでみよう！

M-27

1) さる
saru

2) くり
kuri

3) はれ
hare

4) そら
sora

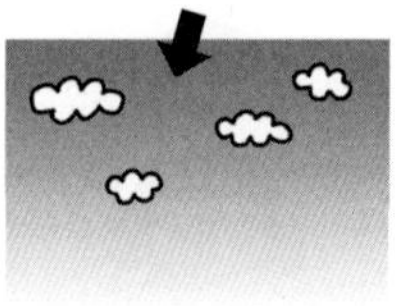

5) みる
miru

6) これ
kore

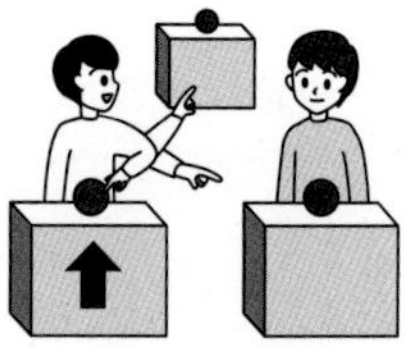

7) しろ
shiro
흰색, 하양

8) りか
rika
이과
(↔문과)

9) さくら
sakura

10) ふくろ
fukuro

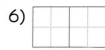

かいてみよう！

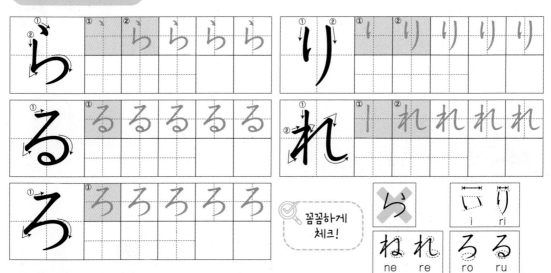

ら ら ら ら ら

り り り り り

る る る る る

れ れ れ れ れ

ろ ろ ろ ろ ろ

꼼꼼하게 체크!

い り
i ri

ね れ
ne re

ろ る
ro ru

やってみよう！

M-28

1) 2) 3) 4) 5) 6)

10

いってみよう！

(M-29)

わ
wa

よんでみよう！

(M-30)

1) かわ
kawa

2) わに
wani

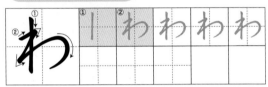

3) わたし
watashi
나, 저

4) わらう
warau
웃다

5) わすれる
wasureru
잊다

かいてみよう！

わ	①｜	②わ	わ	わ	わ

꼼꼼하게 체크!

れ	わ
re	wa

やってみよう！

(M-31)

1)

2)

3)

にている じ 비슷한 글자

생김새가 비슷한 글자를 비교하면서 써 보세요.

1) さ き

2) は ほ ま

3) お あ め ぬ

4) ろ る

5) れ わ ね

6) り い こ

にている じ 비슷한 글자 음성을 듣고, 알맞은 것을 골라 보세요.

M-32

1）（さ・き）	2）（は・ほ・ま）	3）（お・あ・め・ぬ）
4）（ろ・る）	5）（れ・わ・ね）	6）（り・い・こ）
7）（えさ・えき）	8）（はす・ほす・ます）	9）（あし・めし・ぬし）
10）（れつ・わつ・ねつ）	11）（かり・かい・かこ）	12）（ふろ・ふる）

11

いってみよう！

M-33

を

o

「は」「へ」「を」

히라가나「は」는 보통 'ha'로 발음하지만, 조사로 사용될 때는 'wa'로 발음합니다. 마찬가지로「へ」도 'he'로 발음하지만, 조사로 쓰일 때 'e'로 발음됩니다.「を」는「お」와 같이 'o'라고 발음하지만, 단독으로 사용하지 않고 조사로만 쓰입니다.

わたし<u>は</u>　さとうです。
Watashi **wa** Satoo desu.

にほん<u>へ</u>　いきます。
Nihon **e** ikimasu.

すいか<u>を</u>　たべます。
Suika **o** tabemasu.

ほん<u>を</u>　よみます。
Hon **o** yomimasu.

かいてみよう！

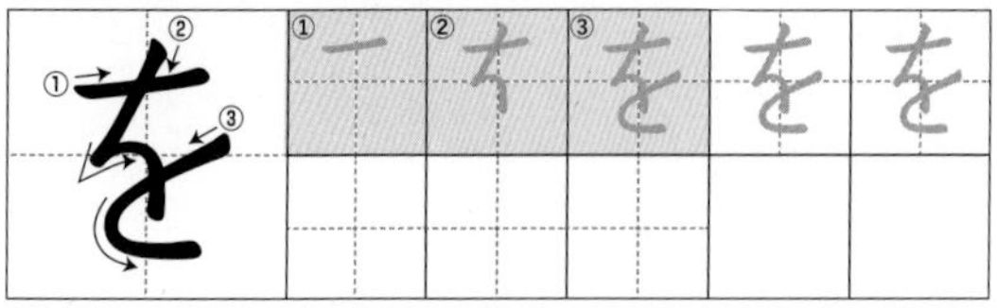

12

いってみよう！

M-34

ん

n/m/ŋ

「ん」은 뒤에 오는 음에 따라 소리가 달라지며, 우리말 받침 'ㄴ, ㅁ, ㅇ'에 가깝게 발음됩니다.

/n/ : 뒤에 오는 음이 t·d·r·n일 경우, /n/으로 발음합니다. 예 あんない, あんてい

/m/ : 뒤에 오는 음이 b·p·m일 경우, /m/으로 발음합니다. 예 あんまん, あんぱん

/ŋ/ : 뒤에 오는 음이 k·g·s·z일 경우, /ŋ/으로 발음합니다. 예 あんしん, あんき

よんでみよう！

M-35

1) ほん
hon

2) せん
sen

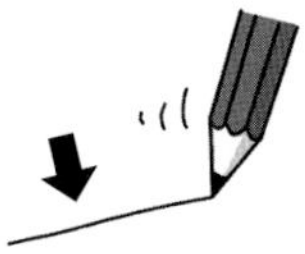

3) てんき
tenki

4) みかん
mikan

5) しけん
shiken
시험

6) けんか
kenka
싸움

7) みんな
min'na
모두

8) かんたん
kantan
간단

9) しんせつ
shinsetsu
친절

10) せんもん
sem'mon
전문, 전공

かいてみよう！

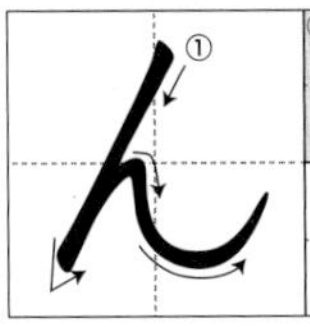

① ん ん ん ん ん

꼼꼼하게 체크!

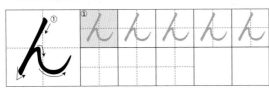

やってみよう！

M-36

1. 음성을 듣고, 알맞은 것을 골라 보세요.

1) (みな・みんな)　2) (しせつ・しんせつ)　3) (かた・かんたん)

2. 음성을 듣고, 빈칸에 들어갈 말을 써 넣으세요.

1) 　2) 　3)

いろいろな ひらがな 다양한 히라가나

1

いってみよう! 음성을 듣고, 말해 보세요.

M-37

	a		i		u		e		o	
g	ga	が	gi	ぎ	gu	ぐ	ge	げ	go	ご
z	za	ざ	**ji**	じ	zu	ず	ze	ぜ	zo	ぞ
d	da	だ	**ji**	ぢ	**zu**	づ	de	で	do	ど
b	ba	ば	bi	び	bu	ぶ	be	べ	bo	ぼ
p	pa	ぱ	pi	ぴ	pu	ぷ	pe	ぺ	po	ぽ

よんでみよう! ① 음성을 듣고, 읽어 보세요. ② 다시 한번 음성을 듣고, 확인해 보세요.

M-38

1) みず
mizu

2) かばん
kaban

3) でんわ
denwa

4) めがね
megane

5) たべる
taberu

6) かんじ
kanji

7) かぞく
kazoku

8) ごぜん
gozen
오전

9) げんき
genki
건강

10) しんぶん
shimbun

11) おみやげ
omiyage

12) ともだち
tomodachi

13) えんぴつ
empitsu

14) にほんご
nihon-go

15) せんぱい
sempai
선배

かいてみよう！ 글자를 직접 써 보면서 연습해 보세요.

がぱ

탁음「゛」은 히라가나와 가타카나 오른쪽 위에 붙여 사용하며, か·さ·た·は 행에서만 쓰입니다. 반탁음「゜」은 작게 오른쪽 위에 붙이고, は행에서만 쓰입니다.

が	ぎ	ぐ	げ	ご					
ざ	じ	ず	ぜ	ぞ					
だ	ぢ	づ	で	ど					
ば	び	ぶ	べ	ぼ					
ぱ	ぴ	ぷ	ぺ	ぽ					

やってみよう！

M-39

1. 음성을 듣고, 알맞은 것을 골라 보세요.

1) (か・が)　2) (す・ず)　3) (て・で)

4) (ひ・び・ぴ)　5) (ほ・ぼ・ぽ)

2. 음성을 듣고, 빈칸에 들어갈 말을 써 넣으세요.

1) □　2) □　3) □　4) □　5) □

6) □□　7) □□□　8) □□□□

32~38페이지도 같은 방법으로 연습해 보세요.

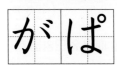

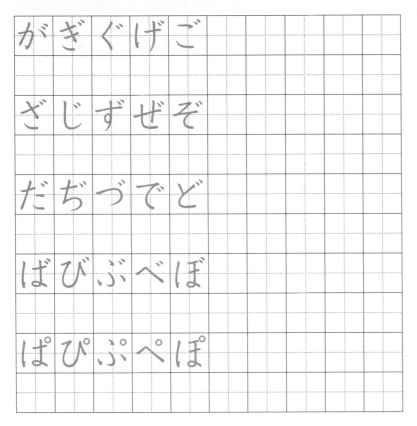

2

よんでみよう！

M-40

작은 히라가나 「つ」는 음이 잠깐 멈추는 것을 의미합니다. 뒤에 오는 음을 발음할 때의 입모양을 하고 한 박자 기다리세요. 뒤에 오는 음은 k·t·p·s 이렇게 4가지뿐입니다.

1) にっき
nikki

2) きって
kitte

3) きっぷ
kippu

4) ざっし
zasshi

5) おっと
otto
남편

6) みっか
mikka
3일

7) にっし
nisshi
일지

8) けっか
kekka
결과

9) せっけん
sekken

10) けっこん
kekkon

11) しっぱい
shippai
실패

12) いっぽん
ippon
한 자루, 한 병
(둥글고 긴 것을 셀 때)

13) けっせき
kesseki
결석

14) あさって
asatte
내일모레

15) きっさてん
kissaten
찻집, 카페

かいてみよう！

「つ」는 작게 씁니다.
가로 쓰기일 경우에는 왼쪽 아래,
세로 쓰기일 경우에는 오른쪽 위에 씁니다.

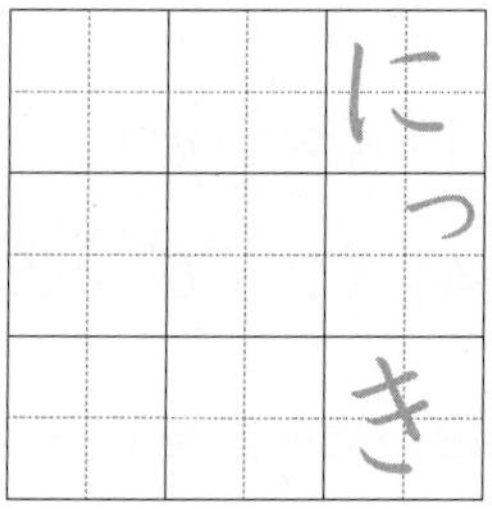

やってみよう！

음성을 듣고, 알맞은 것을 골라 보세요.

M-41

1) (おと・おっと)　2) (にし・にっし)　3) (きて・きって)
4) (せけん・せっけん)　5) (けっか・けんか)

3

よんでみよう！

M-42

「-a」「-i」「-u」 발음 뒤에 히라가나 「あ」「い」「う」가 오면 길게 발음합니다.

1) くうき
kuuki
공기

2) すうじ
suuji
숫자

3) せんぷうき
sem**puu**ki

4) おかあさん
o**kaa**-san
엄마, 어머니

5) おばあさん
o**baa**-san
할머니

6) おじいさん
o**jii**-san
할아버지

7) おにいさん
o**nii**-san
형, 오빠

「-e」 발음 뒤에 히라가나 「い」가 오면 길게 발음합니다.

예외 おねえさん 언니, 누나

8) れい
ree
예, 예시

9) えいが
eega

10) きれい
ki**ree**

11) がくせい
gaku**see**

「-o」 발음 뒤에 히라가나 「う」가 오면 길게 발음합니다.

예외 おおきい 크다, とおい 멀다

12) ぼうし
booshi

13) ひこうき
hi**koo**ki

14) いもうと
i**moo**to
여동생

15) ごうかく
gookaku
합격

16) おとうさん
o**too**-san
아빠, 아버지

やってみよう！

M-43

1) (くき・くうき)　2) (きれ・きれい)　3) (ごかく・ごうかく)

4) (おじさん・おじいさん)　5) (おばさん・おばあさん)

4

いってみよう！

M-44

きゃ kya	きゅ kyu	きょ kyo
しゃ sha	しゅ shu	しょ sho
ちゃ cha	ちゅ chu	ちょ cho
にゃ nya	にゅ nyu	にょ nyo
ひゃ hya	ひゅ hyu	ひょ hyo
みゃ mya	みゅ myu	みょ myo
りゃ rya	りゅ ryu	りょ ryo

ぎゃ gya	ぎゅ gyu	ぎょ gyo
じゃ ja	じゅ ju	じょ jo

びゃ bya	びゅ byu	びょ byo
ぴゃ pya	ぴゅ pyu	ぴょ pyo

よんでみよう！

M-45

작은 히라가나「ゃ」「ゅ」「ょ」는 음의 길이를 가지지 않습니다. 예를 들면「きや」는 두 개의 음이지만,「きゃ」의 경우 두 글자라도 음의 길이는 한 개입니다.

1) おちゃ
ocha

2) じしょ
jisho

3) ひゃく
hyaku

100

4) きょく
kyoku
곡, 악곡

5) きしゃ
kisha
기자

6) きゃく
kyaku
손님

7) しゃしん
shashin

8) めんきょ
menkyo

9) しょくじ
shokuji
식사

10) しゅじん
shujin
남편, 주인

11) りょこう
ryokoo
여행

12) しょくどう
shokudoo

13) はっぴゃく
happyaku

800

14) しゅくだい
shukudai
숙제

15) びじゅつかん
bijutsukan

かいてみよう！

きゃ	きゅ	きょ
しゃ	しゅ	しょ
ちゃ	ちゅ	ちょ
にゃ	にゅ	にょ
ひゃ	ひゅ	ひょ
みゃ	みゅ	みょ
りゃ	りゅ	りょ
ぎゃ	ぎゅ	ぎょ
じゃ	じゅ	じょ
びゃ	びゅ	びょ
ぴゃ	ぴゅ	ぴょ

やってみよう！

M-46

1. 음성을 듣고, 알맞은 것을 골라 보세요.

1) (にゃ・にゅ・にょ)
2) (ひゃ・ひゅ・ひょ)
3) (きゃ・しゃ・ちゃ)
4) (みょ・びょ・りょ)
5) (きゃく・きょく)
6) (きしゃ・きしゅ)
7) (しゅくだい・しょくだい)

2. 음성을 듣고, 빈칸에 들어갈 말을 써 넣으세요.

1) 2) 3) 4) 5)

6) 7) 8)

5

いってみよう！

M-47

きゃあ kyaa	きゅう kyuu	きょう kyoo
しゃあ shaa	しゅう shuu	しょう shoo
ちゃあ chaa	ちゅう chuu	ちょう choo
にゃあ nyaa	にゅう nyuu	にょう nyoo
ひゃあ hyaa	ひゅう hyuu	ひょう hyoo
みゃあ myaa	みゅう myuu	みょう myoo
りゃあ ryaa	りゅう ryuu	りょう ryoo

ぎゃあ gyaa	ぎゅう gyuu	ぎょう gyoo
じゃあ jaa	じゅう juu	じょう joo

びゃあ byaa	びゅう byuu	びょう byoo
ぴゃあ pyaa	ぴゅう pyuu	ぴょう pyoo

よんでみよう！

M-48

작은 히라가나「ゃ」「ゅ」「ょ」도「きゃあ」「きゅう」처럼 길게 발음할 수 있습니다.
이때「きゃあ」「きゅう」는 두 개의 음으로 읽힙니다.

1) きょう
kyoo
오늘

2) こしょう
koshoo
(기계 등의) 고장

3) しゅうり
shuuri
수리

4) びょういん
byooin

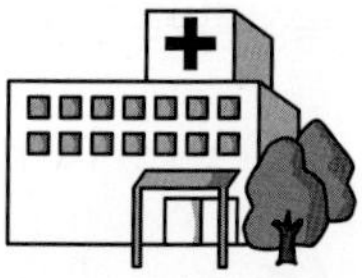

5) じゅぎょう
jugyoo

6) きゅうけい
kyuukee

7) こうじょう
koojoo

8) りょうしん
ryooshin
부모

9) れんしゅう
renshuu
연습

10) りゅうがく
ryuugaku
유학

11) ぎゅうにゅう
gyuunyuu

12) ちゅうごくご
chuugoku-go

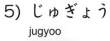

かいてみよう！

きゃあ	きゅう	きょう
しゃあ	しゅう	しょう
ちゃあ	ちゅう	ちょう
にゃあ	にゅう	にょう
ひゃあ	ひゅう	ひょう
みゃあ	みゅう	みょう
りゃあ	りゅう	りょう
ぎゃあ	ぎゅう	ぎょう
じゃあ	じゅう	じょう
びゃあ	びゅう	びょう
ぴゃあ	ぴゅう	ぴょう

やってみよう！

M-49

1) (しゅじん・しゅうじん)　2) (りょこう・りょうこう)

3) (れんしゅう・れんしょう)　4) (びょういん・びよういん)

TRY!

M-50

그림을 보면서
① 음성을 듣고, 따라 말해 보세요.
② 아래의 빈칸에 단어를 써 보세요.

① ちず　Chizu　지도

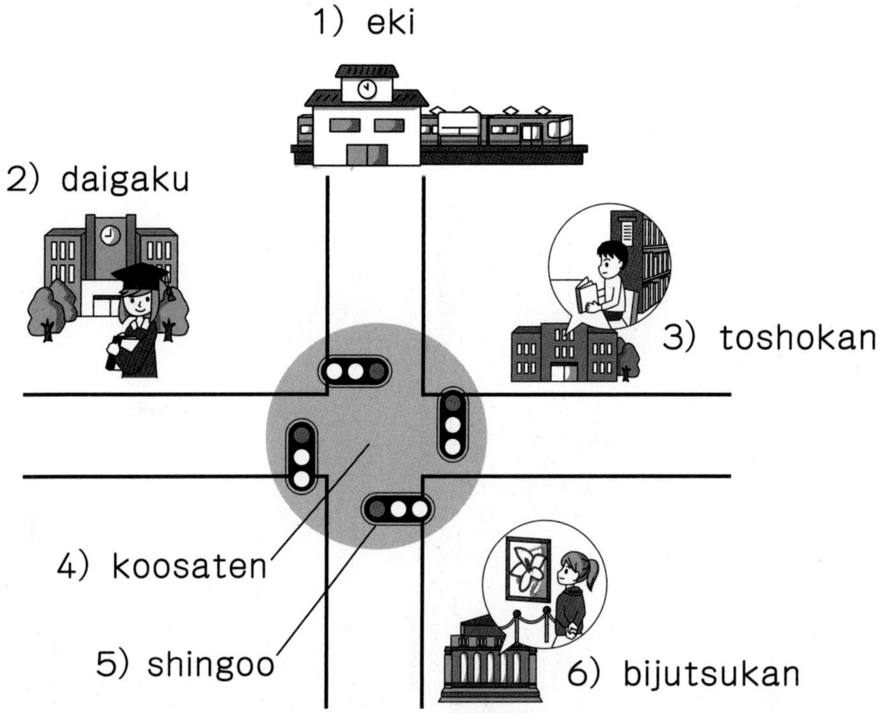

1) えき　2) だいがく

3) としょかん　4) こうさてん

5) しんごう　6) びじゅつかん

TRY! 그림을 보면서
① 음성을 듣고, 따라 말해 보세요.
② 아래의 빈칸에 단어를 써 보세요.

M-51

② へや　Heya　방

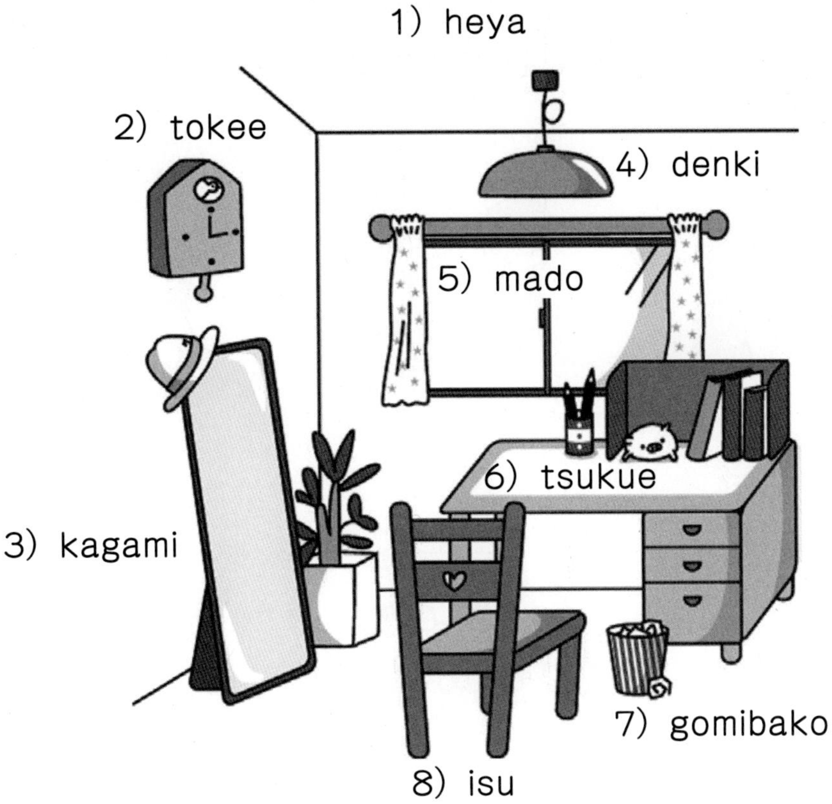

1) へや　2) とけい　3) かがみ
4) でんき　5) まど　6) つくえ
7) ごみばこ　8) いす

TRY! 그림을 보면서
① 음성을 듣고, 따라 말해 보세요.
② 아래의 빈칸에 인사말을 써 보세요.

M-52

③ あいさつ Aisatsu 인사

▶ 사람을 만날 때

아침 인사

1) おはようございます。
Ohayoo gozaimasu.

점심 인사

2) こんにちは。
Kon'nichiwa.

저녁 인사

3) こんばんは。
Kombanwa.

▶ 사람과 헤어질 때

4) さようなら。
Sayoonara.

1) ______________。

2) ______________。 3) ______________。

4) ______________。

5) ______________。 ______________。

▶ 감사의 인사를 할 때

5) どうぞ。
Doozo.

ありがとうございます。
Arigatoo gozaimasu.

6) どうぞ。
Doozo.

ありがとうございます。
いただきます。
Arigatoo gozaimasu.
Itadakimasu.

7) ありがとうございます。
Arigatoo gozaimasu.

いいえ、
どういたしまして。
Iie,
dooitashimashite.

▶ 사과를 할 때

8) すみません。
Sumimasen.

▶ 누군가를 부를 때

9) すみません。
Sumimasen.

6) ____。____。
____。

7) ____。
____、____。

8) ____。 9) ____。

ひらがなテスト

히라가나 테스트

정답 별책 p.3

1. 예와 같이 히라가나의 올바른 발음을 찾아 선으로 연결해 보세요.

れい

no　ki　ha　ze　su

す　ぜ　の　き　は

2. 음성을 듣고, 알맞은 것을 골라 보세요. M-53

1）（ねこ・ねっこ）　2）（ゆき・ゆうき）

3）（ひゃく・みゃく）　4）（こうしゅう・こうしょう）

3. 예와 같이 밑줄에 히라가나를 써 보세요.

れい inu ＿いぬ＿

1）hito ＿＿＿＿＿＿　2）denwa ＿＿＿＿＿＿

3）kaban ＿＿＿＿＿＿　4）asatte ＿＿＿＿＿＿

5）sayoonara ＿＿＿＿＿＿＿＿

4. 예와 같이 음성을 듣고, 밑줄에 히라가나를 써 보세요. M-54

れい ＿ふ＿

1）＿＿＿＿＿＿　2）＿＿＿＿＿＿　3）＿＿＿＿＿＿

4）＿＿＿＿＿＿　5）＿＿＿＿＿＿　6）＿＿＿＿＿＿

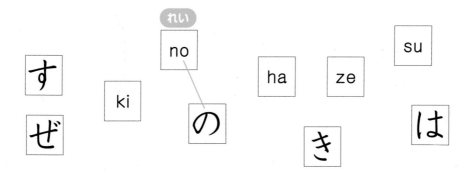

2

カタカナ

Katakana

M55~74 MP3

きほんの カタカナ

기본 가타카나

M-55

	a		i		u		e		o	
	あ a	ア	い i	イ	う u	ウ	え e	エ	お o	オ
k	か ka	カ	き ki	キ	く ku	ク	け ke	ケ	こ ko	コ
s	さ sa	サ	し **shi**	シ	す su	ス	せ se	セ	そ so	ソ
t	た ta	タ	ち **chi**	チ	つ **tsu**	ツ	て te	テ	と to	ト
n	な na	ナ	に ni	ニ	ぬ nu	ヌ	ね ne	ネ	の no	ノ
h	は ha	ハ	ひ hi	ヒ	ふ **fu**	フ	へ he	ヘ	ほ ho	ホ
m	ま ma	マ	み mi	ミ	む mu	ム	め me	メ	も mo	モ
y	や ya	ヤ			ゆ yu	ユ			よ yo	ヨ
r	ら ra	ラ	り ri	リ	る ru	ル	れ re	レ	ろ ro	ロ
w	わ wa	ワ								
	ん n/m/ŋ	ン								

1

いってみよう！ 음성을 듣고, 말해 보세요.

M-56

ア	イ	ウ	エ	オ
a	i	u	e	o
カ	キ	ク	ケ	コ
ka	ki	ku	ke	ko
サ	シ	ス	セ	ソ
sa	**shi**	su	se	so

가타카나의 긴 발음을 나타낼 때는 「ー」를 활용합니다.

ケーキ

ケ
｜
キ

よんでみよう！ ① 음성을 듣고, 말해 보세요. ② 다시 한번 음성을 듣고, 확인해 보세요.

M-57

1) アイス aisu

2) ソース soosu

3) スキー sukii

4) ケーキ keeki

5) コース koosu 코스, 과정

かいてみよう！ 쓰는 순서를 확인하면서 연습해 보세요.

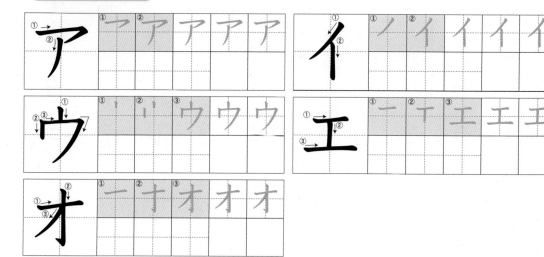

ア ①ア ②ア ア ア ア

イ ①イ ②イ イ イ イ

ウ ①ウ ②ウ ③ウ ウ ウ

エ ①エ ②エ ③エ エ エ

オ ①オ ②オ ③オ オ オ

カ　①フ　②カ　カ　カ　カ

キ　①一　②二　③キ　キ　キ

ク　①ノ　②ク　ク　ク　ク

ケ　①ノ　②ト　③ケ　ケ　ケ

コ　①フ　②コ　コ　コ　コ

꼼꼼하게 체크!　ク　ケ

サ　①一　②十　③サ　サ　サ

シ　①丶　②⺀　③シ　シ　シ

ス　①フ　②ス　ス　ス　ス

セ　①一　②セ　セ　セ　セ

ソ　①丶　②ソ　ソ　ソ　ソ

꼼꼼하게 체크!　シ　ソ

やってみよう！ 음성을 듣고, 빈칸에 들어갈 말을 써 넣으세요.

M-58

1)　2)　3)　4)　5)

6)　7)　8)

46~49 페이지도 같은 방법으로 연습해 보세요.

いってみよう！ 🔊 M-59

タ	チ	ツ	テ	ト
ta	**chi**	**tsu**	te	to

ナ	ニ	ヌ	ネ	ノ
na	ni	nu	ne	no

ハ	ヒ	フ	ヘ	ホ
ha	hi	**fu**	he	ho

よんでみよう！ 🔊 M-60

1) テニス
tenisu

2) カヌー
kanuu

3) ノート
nooto

4) テスト
tesuto

5) ツアー
tsuaa
투어, 여행

6) タクシー
takushii

7) ネクタイ
nekutai

8) セーター
seetaa

9) コーヒー
koohii

10) カタカナ
katakana

アイウエオ
コーヒー
パン

かいてみよう！

꼼꼼하게
체크!

 shi tsu

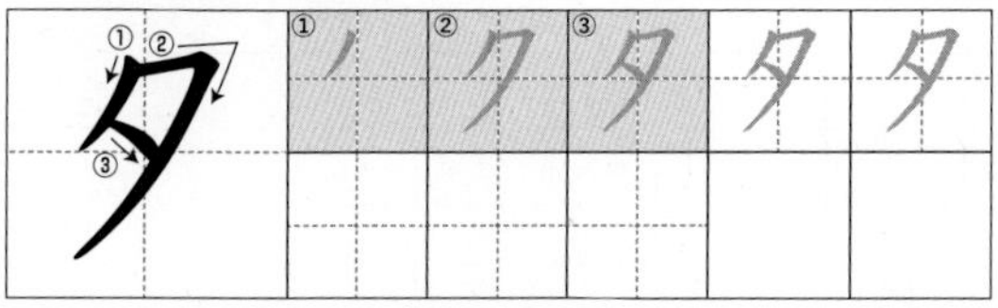

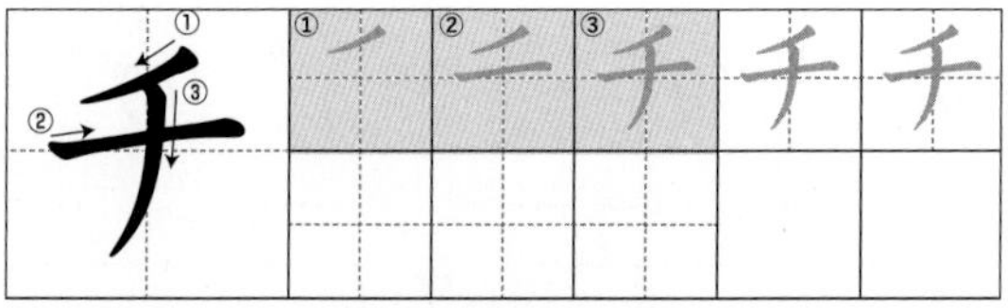

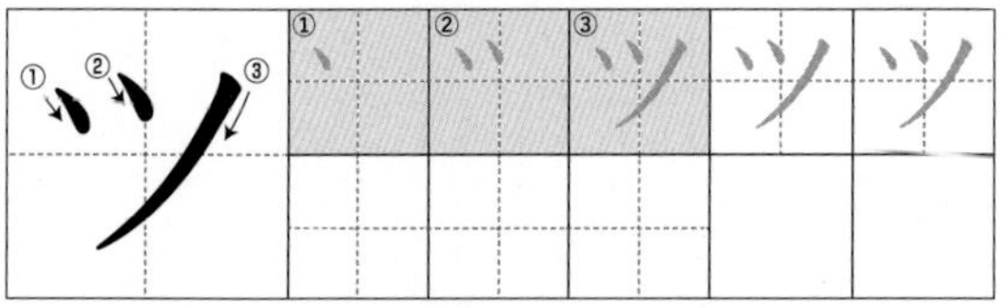

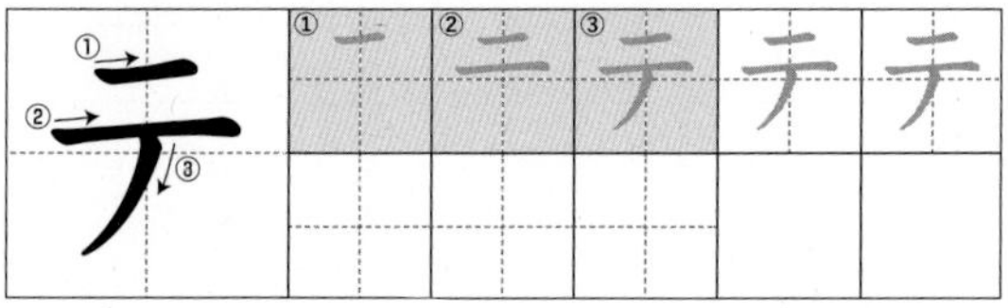

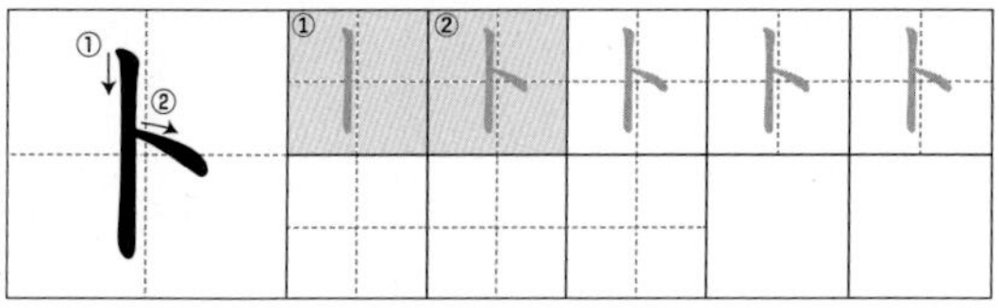

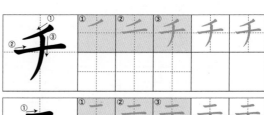

ナ	① 一	② ナ	ナ	ナ	ナ

ニ	① 一	② ニ	ニ	ニ	ニ

ヌ	① フ	② ヌ	ヌ	ヌ	ヌ

ネ	① 丶	② ネ	③ ネ	④ ネ	ネ

ノ	① ノ	ノ	ノ	ノ	ノ

꼼꼼하게 체크!

ス su　ヌ nu

ハ	① ノ	② ハ	ハ	ハ	ハ

ヒ	① 一	② ヒ	ヒ	ヒ	ヒ

フ	① フ	フ	フ	フ	フ

ヘ	① ヘ	ヘ	ヘ	ヘ	ヘ

ホ	① 一	② 十	③ 才	④ ホ	ホ

꼼꼼하게 체크!

木 ✕

やってみよう!

M-61

1)　2)　3)　4)　5)

6)　7)

「ツ」는「ネット(인터넷)」와「サッカー(축구)」처럼 작게 사용될 때도 있다.

netto ネット

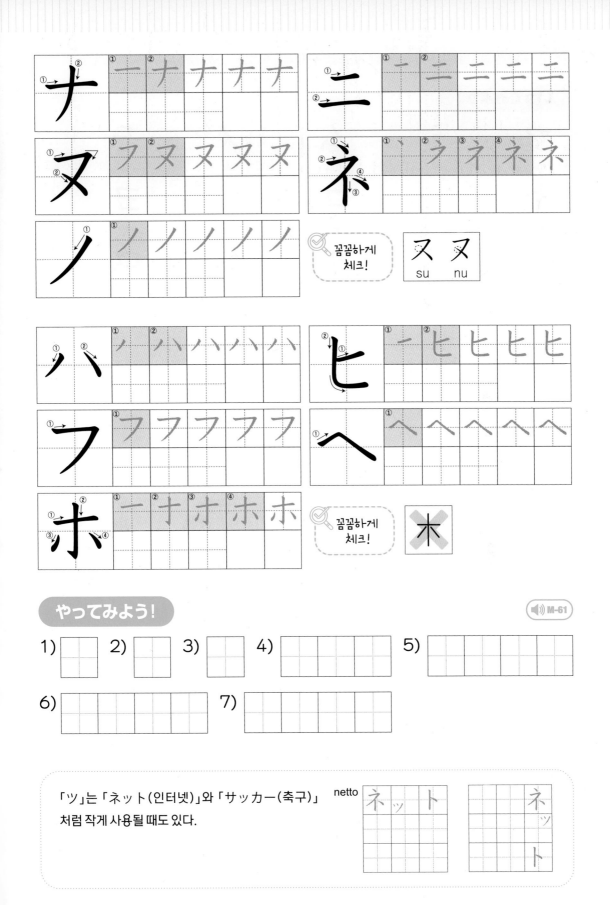

3

いってみよう！

M-62

マ ma	ミ mi	ム mu	メ me	モ mo
ヤ ya		ユ yu		ヨ yo
ラ ra	リ ri	ル ru	レ re	ロ ro
ワ wa				
ン n/m/ŋ				

よんでみよう！

M-63

1) メモ
memo

2) タワー
tawaa

3) ミルク
miruku

4) カラオケ
karaoke

5) フルーツ
furuutsu

かいてみよう！

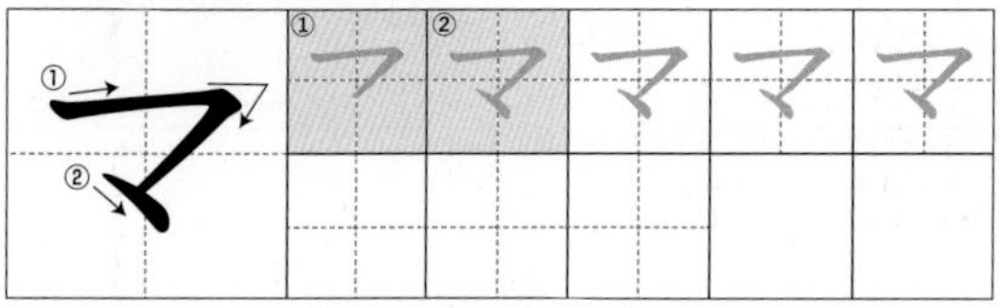

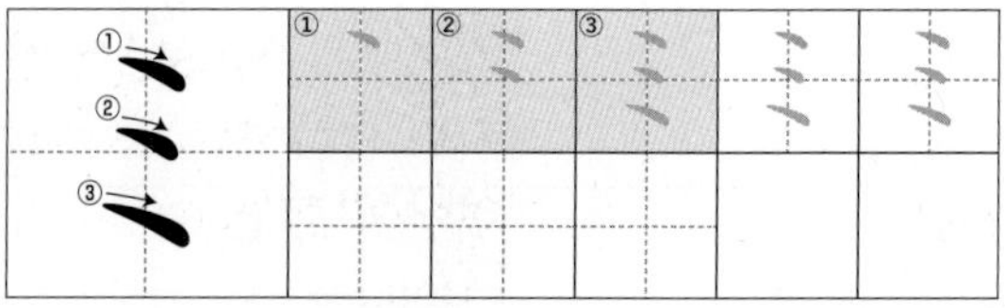

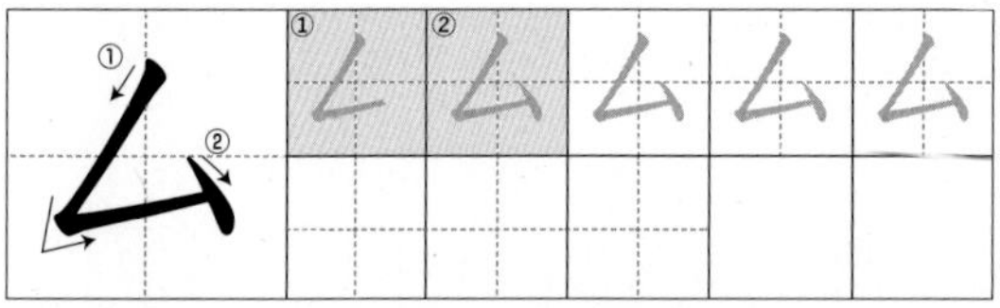

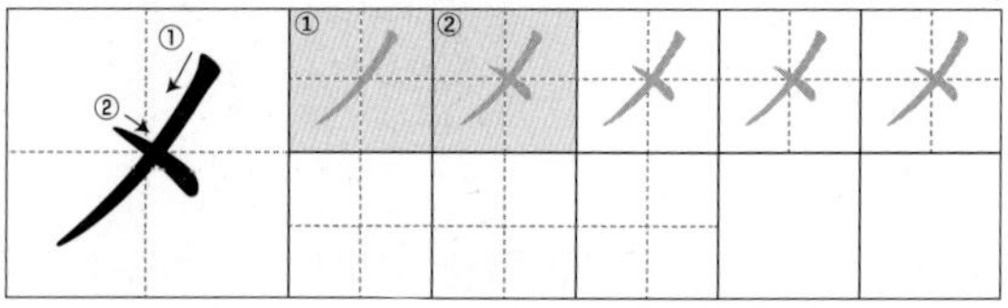

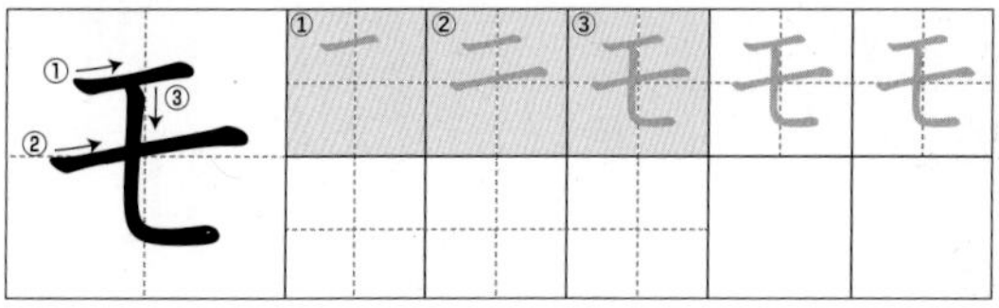

꼼꼼하게 체크!

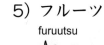

ヤ ① ② | ① ② ヤ ヤ ヤ ヤ

ユ ① ② | ① ② ユ ユ ユ ユ

ヨ ① ② ③ | ① ② ③ ヨ ヨ ヨ

ラ ① ② | ① ② ラ ラ ラ ラ

リ ① ② | ① ② リ リ リ リ

ル ① ② | ① ② ル ル ル ル

レ ① | ① レ レ レ レ レ

ロ ① ② ③ | ① ② ③ ロ ロ ロ

ワ ① ② | ① ② ワ ワ ワ ワ

꼼꼼하게 체크!

ク ワ ウ
ku wa u

ン ① ② | ① ② ン ン ン ン

꼼꼼하게 체크!

ソ ン
so n

やってみよう！

M-64

1) 2) 3) 4) 5)

6) 7) 8)

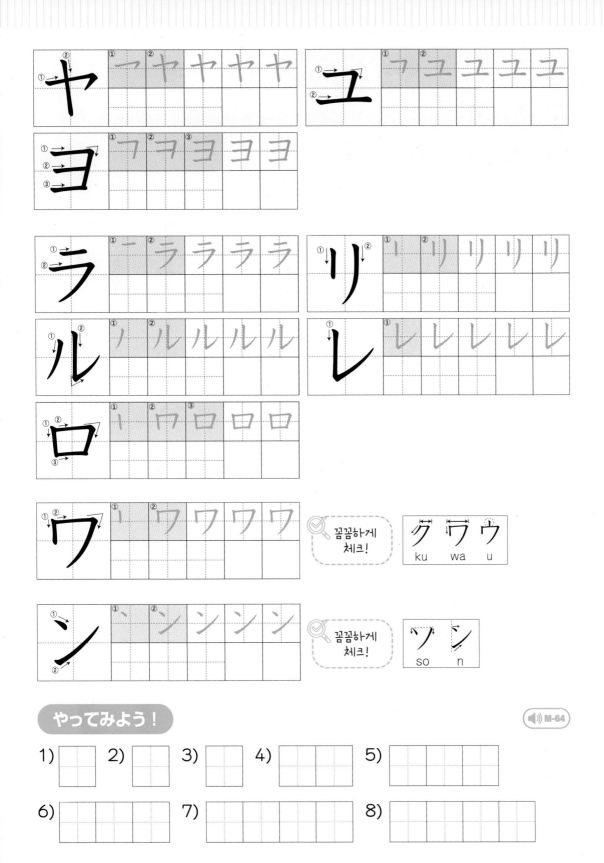

いろいろな カタカナ　다양한 가타카나

1

いってみよう！ 음성을 듣고, 말해 보세요.

M-65

	a		i		u		e		o	
g	が ga	ガ	ぎ gi	ギ	ぐ gu	グ	げ ge	ゲ	ご go	ゴ
z	ざ za	ザ	じ ji	ジ	ず zu	ズ	ぜ ze	ゼ	ぞ zo	ゾ
d	だ da	ダ					で de	デ	ど do	ド
b	ば ba	バ	び bi	ビ	ぶ bu	ブ	べ be	ベ	ぼ bo	ボ
p	ぱ pa	パ	ぴ pi	ピ	ぷ pu	プ	ぺ pe	ペ	ぽ po	ポ

よんでみよう！

① 음성을 듣고, 읽어 보세요.
② 다시 한번 음성을 듣고, 확인해 보세요.

M-66

1) ドア
doa

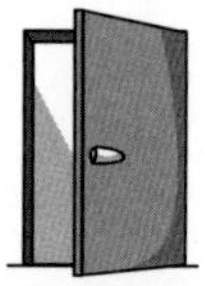

2) ペン
pen

3) パン
pan

4) バス
basu

5) ベッド
beddo

6) ゲーム
geemu

7) ドラマ
dorama

8) アプリ
apuri

9) コンビニ
kombini

10) デザート
dezaato
디저트

11) アルバイト
arubaito

12) パスポート
pasupooto

かいてみよう！ 글자를 직접 써 보면서 연습해 보세요.

ガパ

탁음「〝」은 오른쪽 위에 비스듬히 짧게 씁니다.
반탁음「°」도 오른쪽 위에 작게 씁니다.

ガ	ギ	グ	ゲ	ゴ
ザ	ジ	ズ	ゼ	ゾ
ダ			デ	ド
バ	ビ	ブ	ベ	ボ
パ	ピ	プ	ペ	ポ

やってみよう！

M-67

1. 음성을 듣고, 알맞은 것을 골라 보세요.

1) (ク・グ)　2) (ソ・ゾ)　3) (タ・ダ)

4) (ハ・バ・パ)　5) (フ・ブ・プ)

2. 음성을 듣고, 빈칸에 들어갈 말을 써 넣으세요.

1)　2)　3)　4)　5)　6)

7)　8)

52~53 페이지도 같은 방법으로 연습해 보세요.

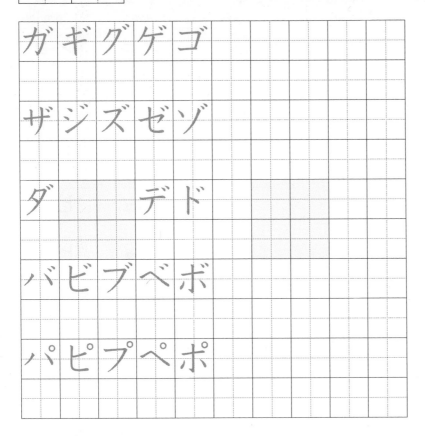

2

いってみよう！

M-68

キャ kya	キュ kyu	キョ kyo
シャ sha	シュ shu	ショ sho
チャ cha	チュ chu	チョ cho
ニャ nya	ニュ nyu	ニョ nyo
ヒャ hya	ヒュ hyu	ヒョ hyo
ミャ mya	ミュ myu	ミョ myo
リャ rya	リュ ryu	リョ ryo

ギャ gya	ギュ gyu	ギョ gyo
ジャ ja	ジュ ju	ジョ jo

ビャ bya	ビュ byu	ビョ byo
ピャ pya	ピュ pyu	ピョ pyo

よんでみよう！

M-69

1) シャツ
shatsu

2) ジャズ
jazu

3) ジャム
jamu
잼

4) ニュース
nyuusu

5) キャンプ
kyampu

6) ジュース
juusu

7) メニュー
menyuu

8) チャンス
chansu
찬스, 기회

9) シャンプー
shampuu

10) ジョギング
jogingu

11) チョコレート
chokoreeto

12) コンピューター
kompyuutaa

かいてみよう！

キャ	キュ	キョ
シャ	シュ	ショ
チャ	チュ	チョ
ニャ	ニュ	ニョ
ヒャ	ヒュ	ヒョ
ミャ	ミュ	ミョ
リャ	リュ	リョ
ギャ	ギュ	ギョ
ジャ	ジュ	ジョ
ビャ	ビュ	ビョ
ピャ	ピュ	ピョ

やってみよう！

M-70

1)

2)

3)

4)

5)

6)

그 밖에도 외래어 발음을 표기하기 위해 「シェ(she)」「ジェ(je)」「チェ(che)」「ティ(ti)」「ファ(fa)」「フィ(fi)」「フェ(fe)」「フォ(fo)」 등과 같이 특수하게 가타카나를 조합하여 사용합니다. 「v」음은 보통 「バ·ビ·ブ·ベ·ボ」로 표기하지만, 「ヴ」가 사용되는 경우도 있습니다.

예 Vietnam → ヴェトナム

TRY!

① 음성을 듣고, 따라서 말해 보세요.
② 그림에 맞는 단어를 [　　　] 에서 선택해서 밑줄에 써 보세요.

① しゅみ Shumi 취미

M-71

サッカー　テニス　スポーツ　ピアノ　アニメ
ドラマ　インターネット　パソコン　ゲーム

1) 

サッカー
______

2) 

______

3) 

______

4) 

______

5) 

______

6) 

______

7) 

______

8) 

______

9) 

______

② メニュー Menyuu 메뉴

M-72

みず　おちゃ　こうちゃ　コーヒー
ジュース　ケーキ　ラーメン　カレー

1)  ______

2)  こうちゃ

3)  おちゃ

4)  みず

5)  ______

6)  ______

7)  ______

8)  ______

③ くに Kuni 나라

M-73

ミャンマー　ちゅうごく　ベトナム　タイ　かんこく　フィリピン
インドネシア　マレーシア　にほん　たいわん　カンボジア

1) ちゅうごく

2) かんこく

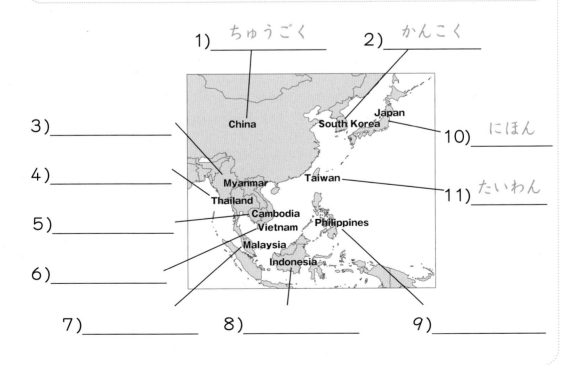

3) ______

4) ______

5) ______

6) ______

7) ______

8) ______

9) ______

10) にほん

11) たいわん

カタカナテスト

가타카나 테스트

정답 별책 P.3

1. 예와 같이 히라가나와 가타카나를 선으로 연결해 보세요.

れい そ — ソ

シ　し　ン　ソ　リ　ん　つ　ツ　り

2. 다음 가타카나에 해당하는 그림을 선으로 연결해 보세요.

1）コーヒー　2）ジュース　3）ミルク　4）ケーキ

A

B

C

D

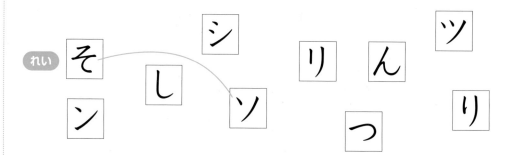

3. 예와 같이 밑줄에 가타카나를 써 보세요.

れい doa ドア

1）piano ________　2）menyuu ________

3）nekutai ________　4）kombini ________

5）kyampu ________

4. 예와 같이 음성을 듣고, 밑줄에 가타카나를 써 보세요.　M-74

れい ホ

1）________　2）________　3）________

4）________　5）________　6）________

かんじ

Kanji

どんな もじ？ 어떤 글자일까요?

한자에는 각각의 의미가 있습니다.
왼쪽 그림에 해당하는 한자를 찾아 선으로 연결해 보세요.

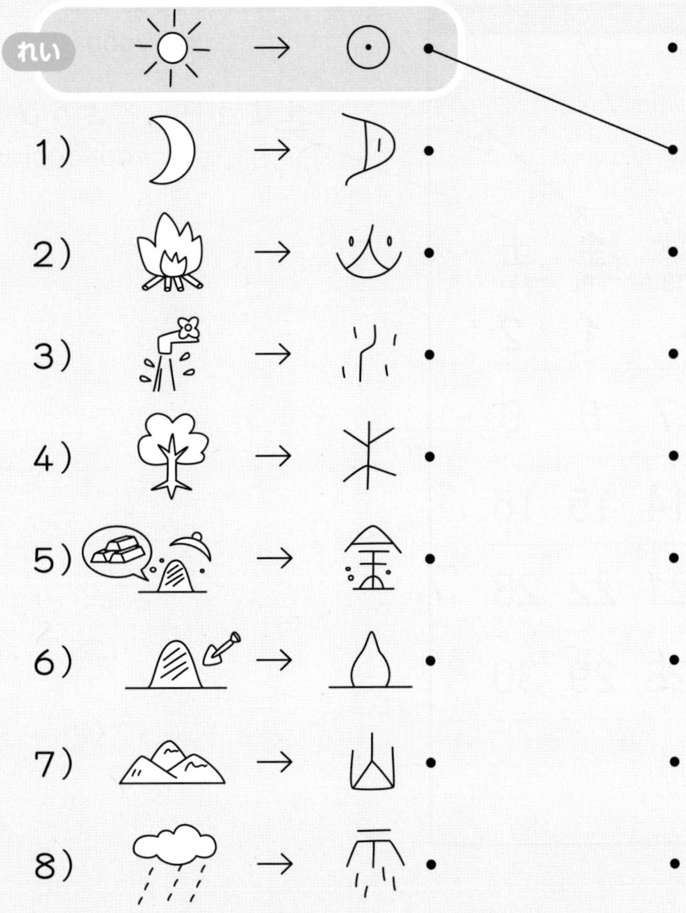

れい ・

・ 水 みず mizu 물

1) ・

・ 日 ひ hi 해, 태양

2) ・

・ 土 つち tsuchi 땅, 흙

3) ・

・ 月 つき tsuki 달

4) ・

・ 雨 あめ ame 비

5) ・

・ 火 ひ hi 불

6) ・

・ 木 き ki 나무

7) ・

・ 金 かね kane 돈, 금

8) ・

・ 山 やま yama 산

일본어는 한 개의 한자에 여러 가지 읽는 법이 있습니다. 예를 들면 「日(ひ)」는 「にち」 그리고 「び」라고도 읽습니다.

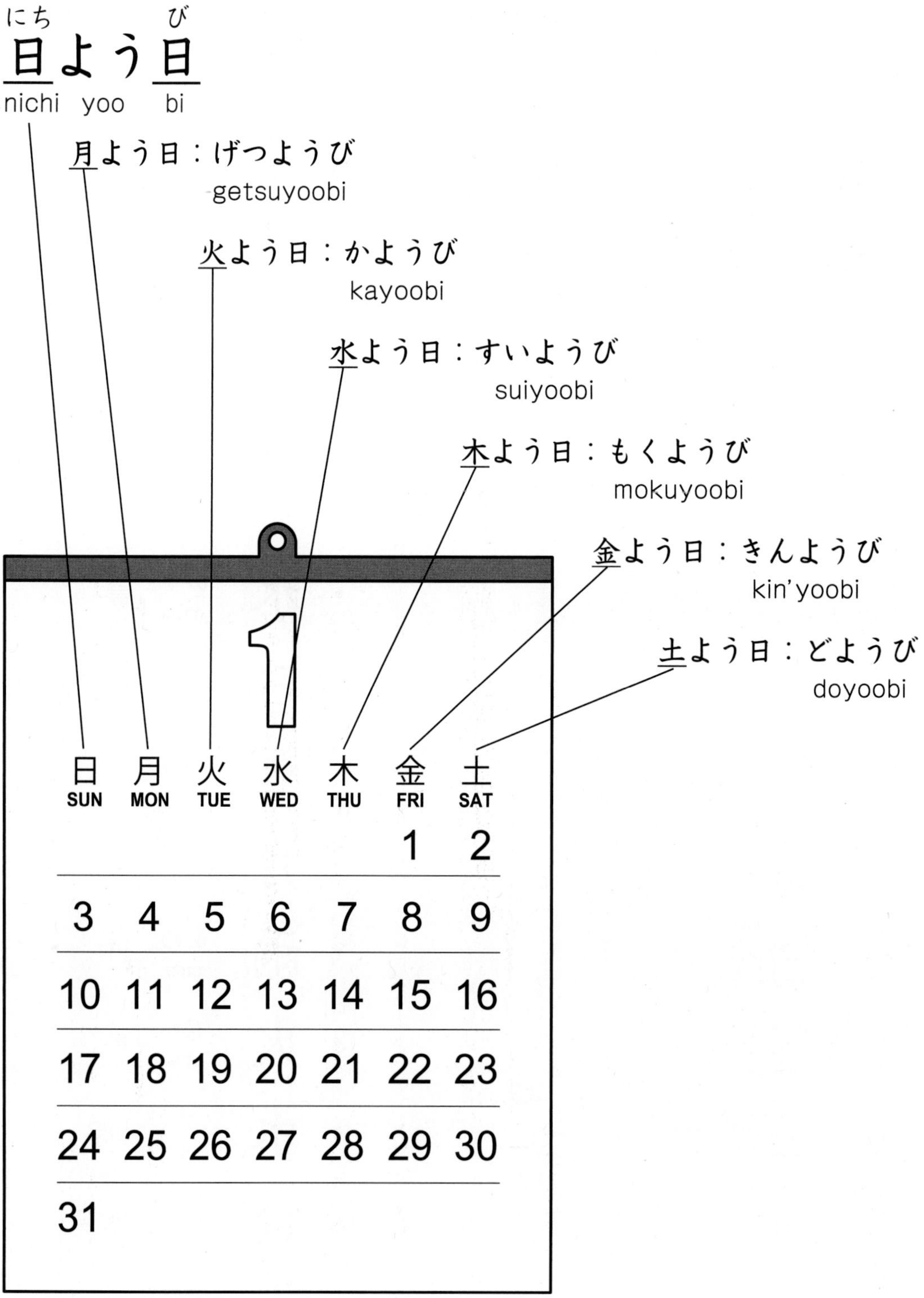

いろいろな かんじ 다양한 한자

1 사람과 관련된 한자 중 일부는 실제 형태를 본떠 만들어졌습니다.

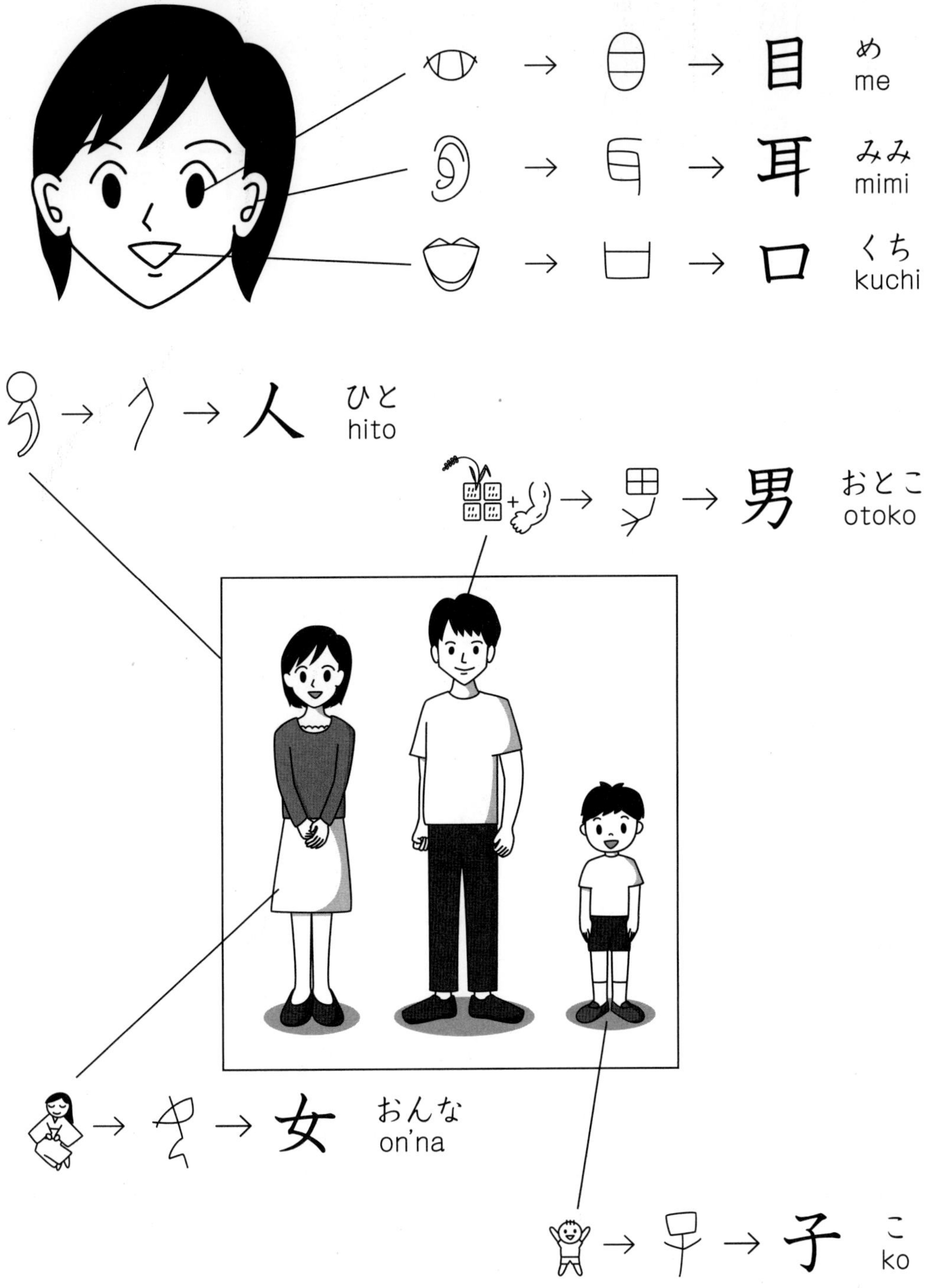

2 그림으로 표현할 수 없는 한자는 기호를 사용하는 경우가 많습니다.

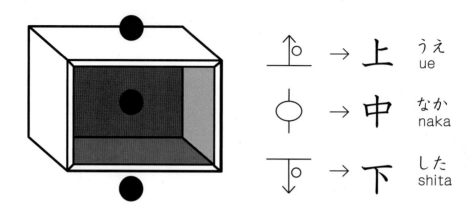

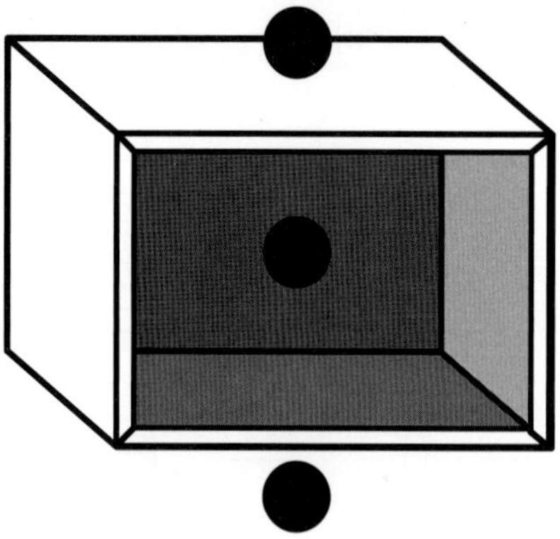

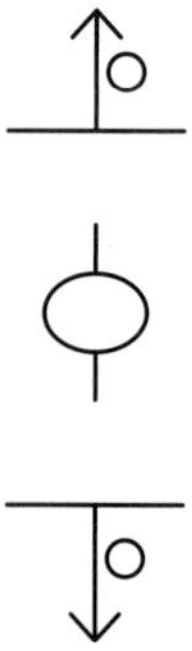

→ 上 うえ ue

→ 中 なか naka

→ 下 した shita

1	2	3	4	5
一	二	三	四	五
いち	に	さん	よん/し	ご
ichi	ni	san	yon/shi	go

6	7	8	9	10
六	七	八	九	十
ろく	なな/しち	はち	きゅう/く	じゅう
roku	nana/shichi	hachi	kyuu/ku	juu

3 일부 형용사는 한자와 히라가나의 조합으로 구성되어 있습니다.

おお
大きい
ookii

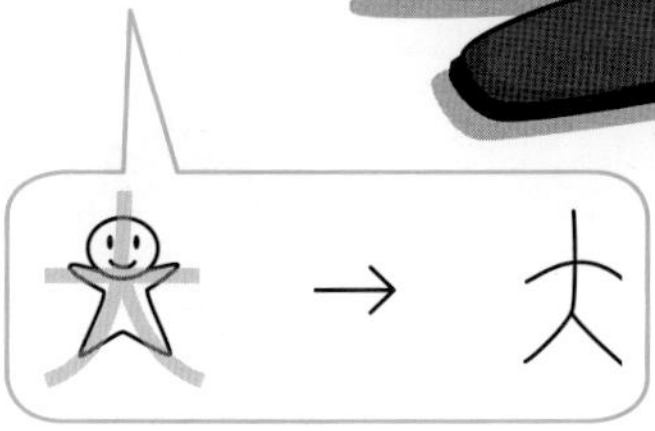

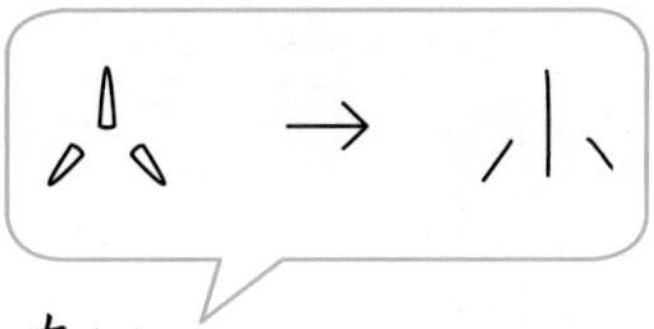

ちい
小さい
chiisai

たか
高い
takai

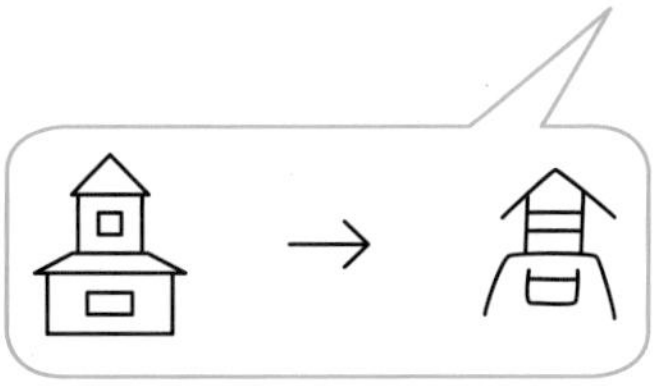

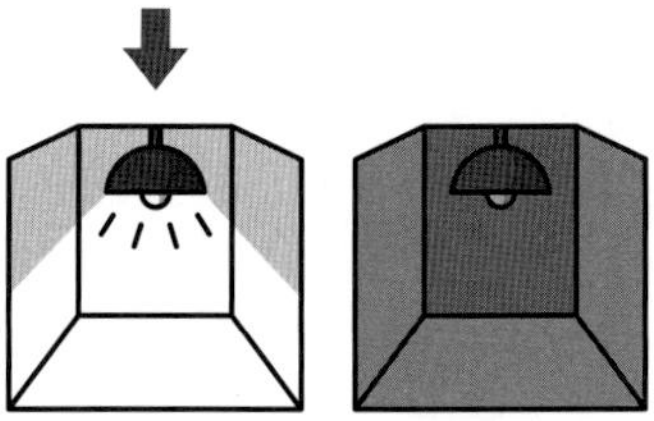

あか
明るい
akarui

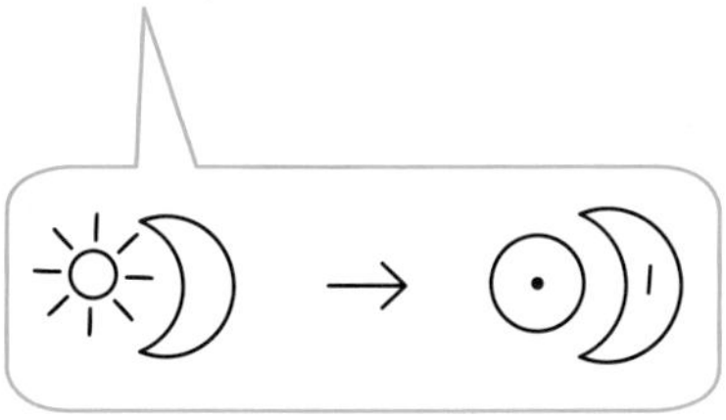

す
好き
suki

④ 동작을 나타내는 동사도 한자와 히라가나 조합으로 구성되어 있습니다.

見(み)ます
mimasu

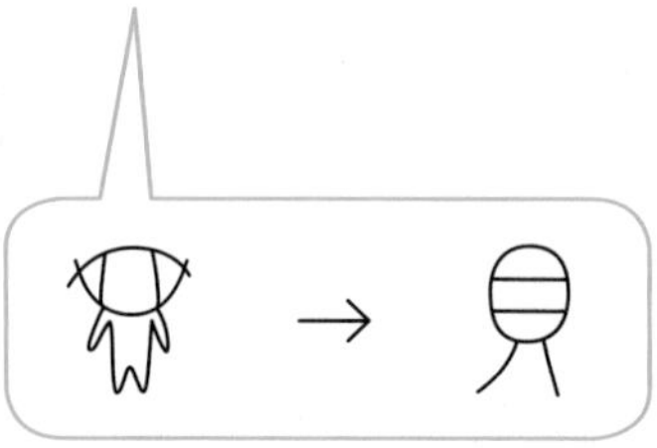

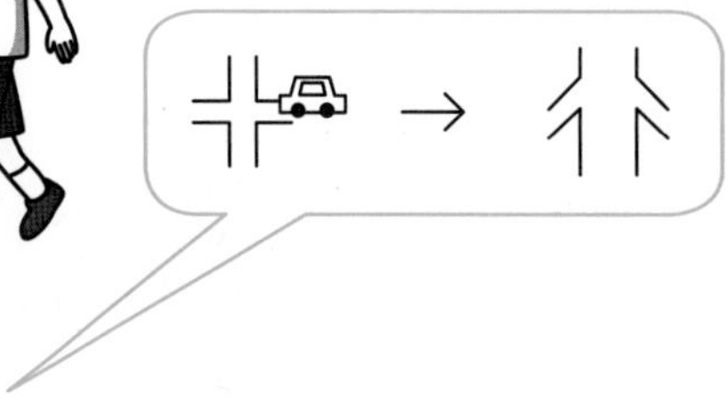

食(た)べます
tabemasu

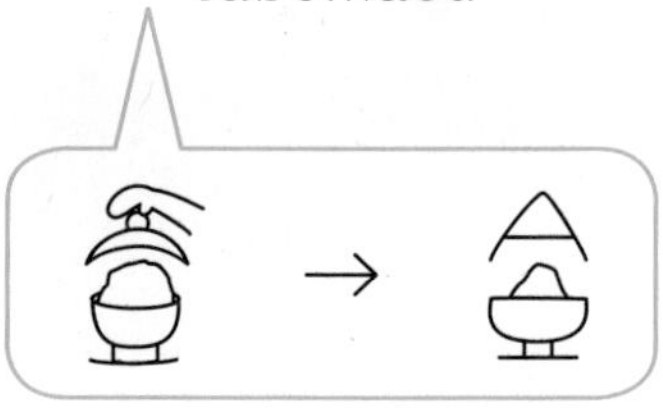

行(い)きます
ikimasu

言(い)います
iimasu

休(やす)みます
yasumimasu

5 여러 개의 한자를 조합해서 한 개의 문자가 된 한자도 있습니다.

い
言います
iimasu

はな
話します
hanashimasu

よ
読みます
yomimasu

た
食べます
tabemasu

の
飲みます
nomimasu

もん
門
mon

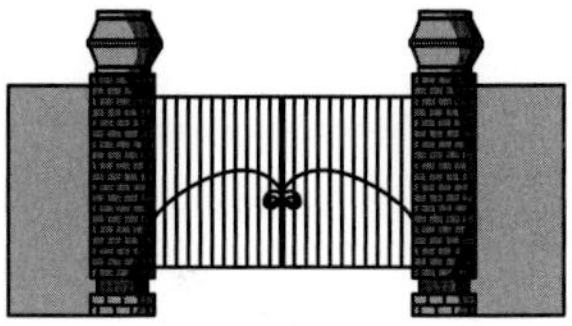

き
聞きます
kikimasu

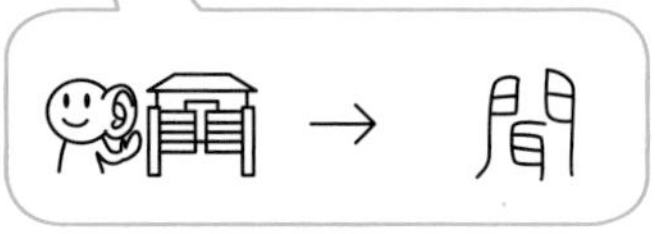

あ
開けます
akemasu

し
閉めます
shimemasu

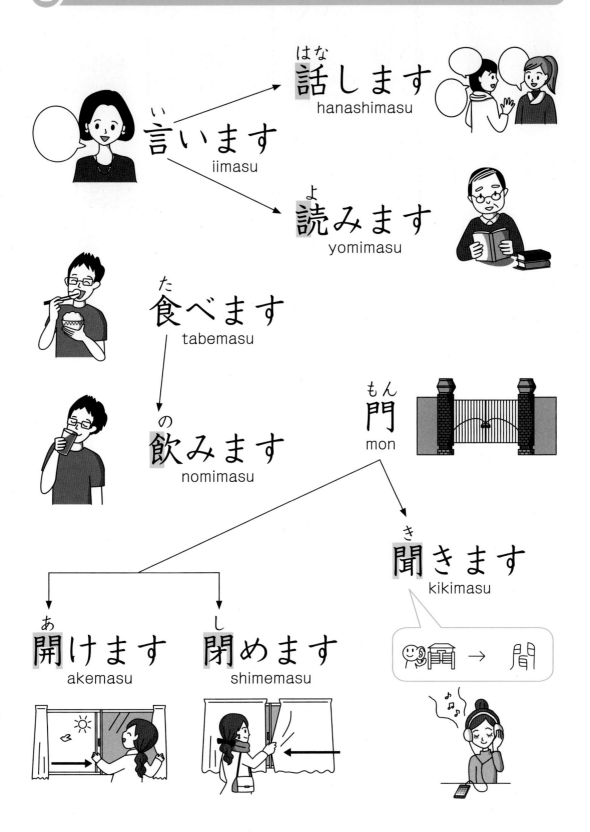

6 여러 개의 한자를 조합해서 한 개의 단어가 되는 경우도 있습니다.

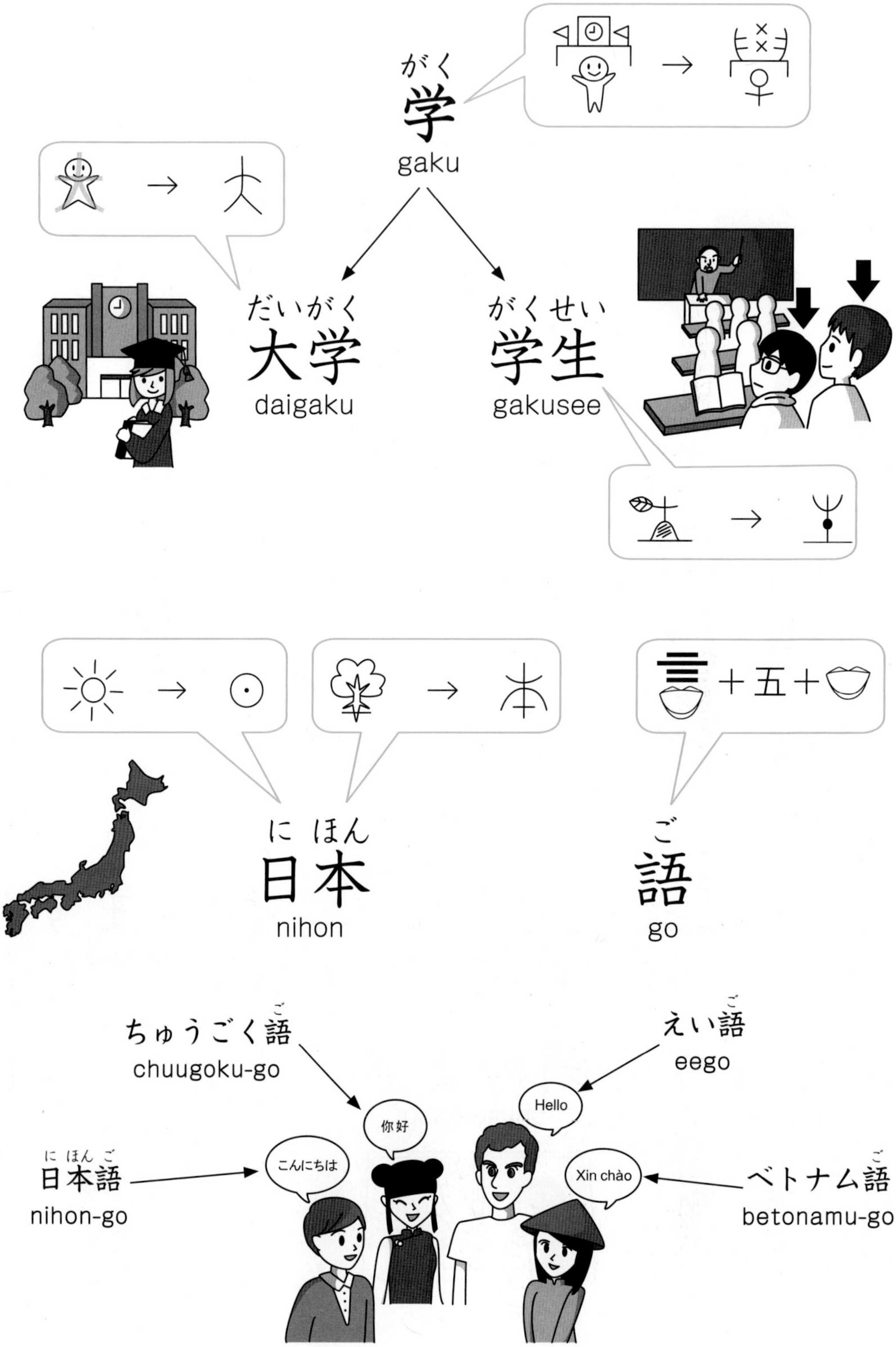

だい 2 しょう
かいわ

Dai 2 shoo
Kaiwa

제 2 장
회화

とうじょうじんぶつ

Toojoojimbutsu

등장인물

ハイ

Hai

ベトナムの　だいがくせい

betonamu no daigakusee

베트남 대학생

さとう

Satoo

にほんの　だいがくせい

nihon no daigakusee

일본 대학생

さとうさんの　かぞく

satoo-san no kazoku

사토 씨의 가족

1 くうこうで

K01~08 MP3

Kuukoo de

공항에서

이곳은 어디일까요? 사토 씨는 왜 여기에 있을까요?

일본 공항에서 하이 씨는 앞으로 무엇을 할까요?

かいわ 회화

(K-01)

ハイ　：**あのう**①。さとう**さん**②**です**③**か**④⑤。
Hai：　Anoo. Satoo-san desu ka?

さとう：**はい**⑥。
Satoo：　Hai.

ハイ　：ベトナムだいがく**の**⑦　ハイです。
Betonamu daigaku no Hai desu.

よろしく　おねがいします⑧。
Yoroshiku onegaishimasu.

さとう：よろしく　おねがいします。
Yoroshiku onegaishimasu.

にほん**は**⑨　はじめてですか。
Nihon wa hajimete desu ka?

ハイ　：はい。
Hai.

ハイ　：さとうさん、りょうがえじょは　**どこですか**⑩。
Satoo-san, ryoogaejo wa doko desu ka?

さとう：**あそこ**⑪です。
Asoko desu.

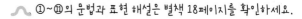

①~⑪의 문법과 표현 해설은 별책 18페이지를 확인하세요.

ことば 어휘

(K-02)

くうこう
kuukoo

だいがく
daigaku

にほん
nihon

りょうがえじょ
ryoogaejo

ベトナム	betonamu	베트남
よろしく おねがいします。	Yoroshiku onegaishimasu.	잘 부탁드립니다.
はじめて	hajimete	처음
どこ	doko	어디
あそこ	asoko	저기

いっしょに　おぼえよう！ 함께 외워 봅시다!

(K-03)

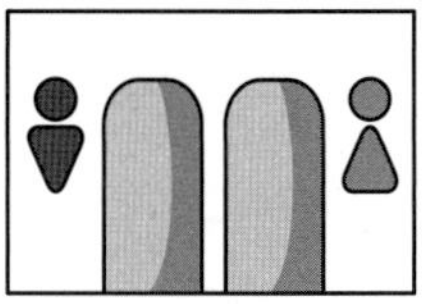

トイレ
toire

コンビニ
kombini

ぎんこう
ginkoo

レストラン
resutoran

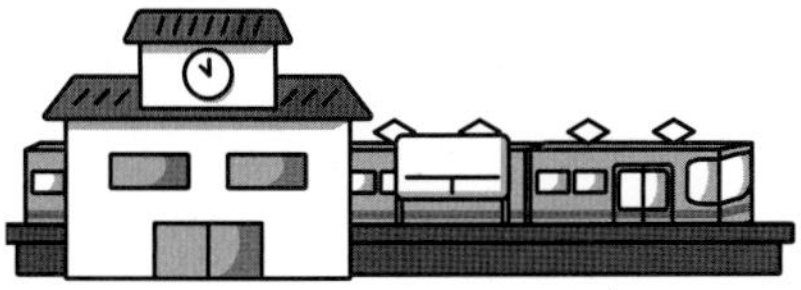

えき
eki

ことばの れんしゅう 어휘 연습

정답 별책 P.4

① 음성을 듣고, A~D 중에서 알맞은 것을 골라 (　　) 안에 써 넣으세요.

② 그림을 참고하여 빈칸에 들어갈 알맞은 일본어를 써 보세요.

1.

K-04

れい (B) コンビニ

1) (　　) ________

2) (　　) ________

3) (　　) ________

A

B

C

D

2.

K-05

1) (　　) ________

2) (　　) ________

3) (　　) ________

4) (　　) ________

A

B

C

D

3. 음성을 듣고, A~C 중에서 알맞은 것을 골라 (　　) 안에 써 넣으세요.

K-06

れい (A)　1) (　　)

2) (　　)　3) (　　)

4) (　　)　5) (　　)

6) (　　)　7) (　　)

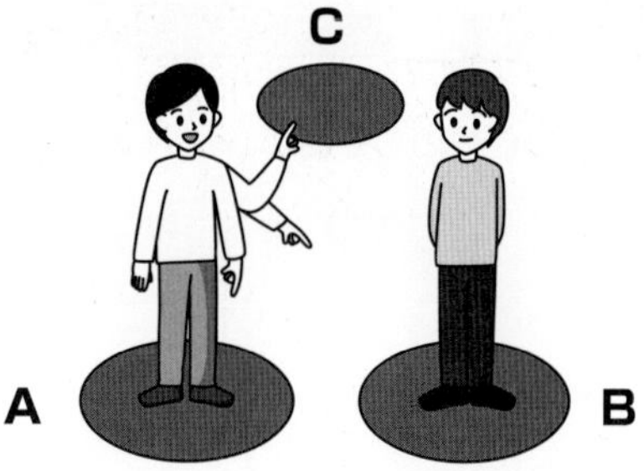

やってみよう！ 연습해 봅시다!

별책 P.6~7

1. ① 등장인물 1)~5)에게 예와 같이 이름을 확인해 보세요. (K-07)

② (a.)와 (b.)에 본인의 소속과 이름을 넣어, 예와 같이 자기소개를 해 보세요.

れい ①

さとうさん
Satoo-san

② a. ベトナムだいがく
Betonamu daigaku

b. ハイ
Hai

A：①あのう。 さとうさん ですか。
Anoo Satoo-san desu ka?

B：はい。
Hai.

A：②（a. ベトナムだいがく ） の （b. ハイ ）です。
Betonamu daigaku no Hai desu.

よろしく おねがいします。
Yoroshiku onegaishimasu.

1）

すずきさん
Suzuki-san

2）

やまださん
Yamada-san

3）

たかはしさん
Takahashi-san

4）

スミスさん
Sumisu-san

5）

キムさん
Kimu-san

2. ① 1)~5)의 위치를 아래 예와 같이 물어보세요.

② 질문 ①을 듣고, 그림을 보면서 예와 같이 대답해 보세요.

K-08

れい ① りょうがえじょ
ryoogaejo

A：① りょうがえじょ は どこですか。
Ryoogaejo wa doko desu ka?

B：② あそこ です。
Asoko desu.

①

1） えき
eki

2） トイレ
toire

3） ぎんこう
ginkoo

4） レストラン
resutoran

5） コンビニ
kombini

②

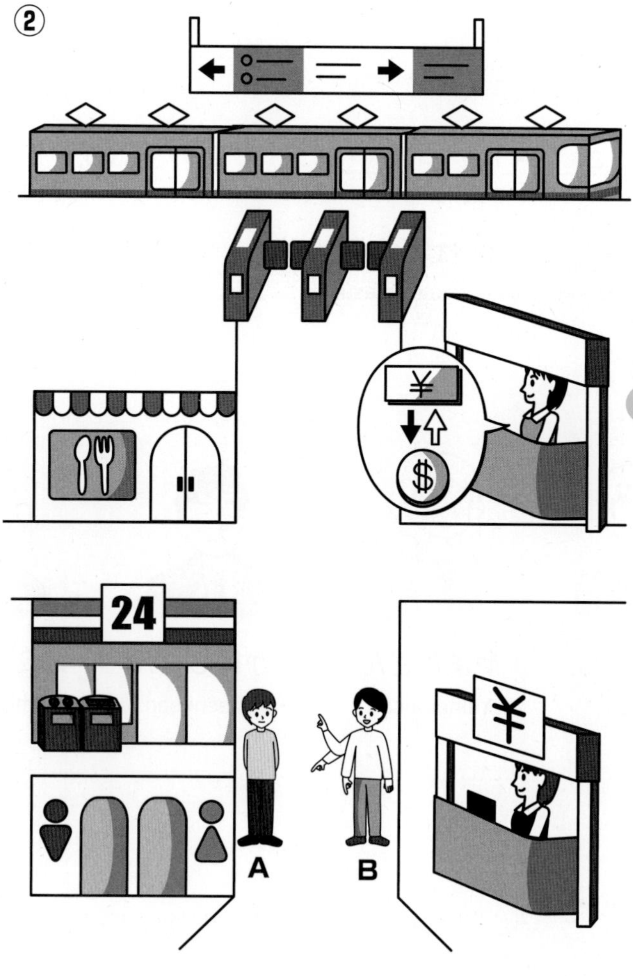

2
レストランで①

Resutoran de

레스토랑에서 ①

K09~17 MP3

Nhà hàng lớn quá nhỉ.
RESTAURANT
MENU

이곳은 어디일까요?
웨이터는 하이 씨에게 무엇을 물어보고 있을까요?

사토 씨는 웨이터에게 무엇을 부탁할까요?

K-09

(Nhà hàng lớn quá nhỉ. : '식당이 크네요'라는 의미의 베트남어)

ウエイター：あ、ベトナム**じん**①ですか。
Weitaa : A, betonamu-jin desu ka?

ハイ：はい。**え？**②
Hai : Hai. E?

ベトナム**ご**③、わかり**ます**④**か**⑤。
Betonamu-go, wakarimasu ka?

ウエイター：はい、すこし。
Hai, sukoshi.

こちらへ　どうぞ。⑥
Kochira e doozo.

さとう：**すみません。**⑦メニュー、**おねがいします。**⑧
Satoo : Sumimasen. Menyuu, onegaishimasu.

ウエイター：**はい。**⑨メニューです。
Hai. Menyuu desu.

さとう：ハイさんは　**なに**⑩**を**⑪　たべますか。
Hai-san wa nani o tabemasu ka?

ハイ：**うーん。**⑫
Uun.

①~⑫의 문법과 표현 해설은 별책 18페이지를 확인하세요.

ことば 어휘

(K-10)

ウエイター
weitaa

メニュー
menyuu

たべます
tabemasu

わかりますか。	Wakarimasu ka?	아시나요?
すこし	sukoshi	조금
こちらへ　どうぞ。	Kochira e doozo.	이쪽으로 오세요.
おねがいします。	Onegaishimasu.	부탁합니다.
なに	nani	무엇

いっしょに　おぼえよう！ 함께 외워 봅시다!

(K-11)

カタカナ katakana　かんじ kanji

ベトナム の 大学

ひらがな hiragana

にほんご nihon-go

ちゅうごくご chuugoku-go

えいご eego

ベトナムご betonamu-go

みず
mizu

タクシー
takushii

しゃしん
shashin

のみます
nomimasu

よみます
yomimasu

みます
mimasu

かいます
kaimasu

コーヒー
koohii

ジュース
juusu

パン
pan

ざっし
zasshi

しんぶん
shimbun

ほん
hon

アニメ
anime

ニュース
nyuusu

ドラマ
dorama

ことばの　れんしゅう　어휘 연습

정답 별책 p.4

① 음성을 듣고, A~D 중에서 알맞은 것을 골라 (　　　) 안에 써 넣으세요.
② 그림을 참고하여 빈칸에 들어갈 알맞은 일본어를 써 보세요.

1.

K-12

れい (　B　) ＿＿ほん＿＿

1) (　　　) ＿＿＿＿＿＿

2) (　　　) ＿＿＿＿＿＿

3) (　　　) ＿＿＿＿＿＿

A

B

C

D
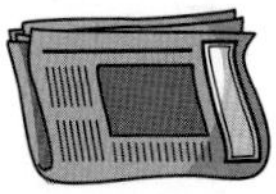

2.

K-13

1) (　　　) ＿＿＿＿＿＿

2) (　　　) ＿＿＿＿＿＿

3) (　　　) ＿＿＿＿＿＿

4) (　　　) ＿＿＿＿＿＿

A

B

C

D

3.

K-14

1) (　　　) ＿＿＿＿＿＿

2) (　　　) ＿＿＿＿＿＿

3) (　　　) ＿＿＿＿＿＿

4) (　　　) ＿＿＿＿＿＿

A

B

C

D

やってみよう！ 연습해 봅시다!

별책 P.7~8

1. ① 1)~6)에 대해 B가 알고 있는지 예와 같이 물어보세요.

② B는 질문 ①에 대해 알고 있는지 예와 같이 대답해 보세요.

K-15

れい

A：① にほんご 、わかりますか。

Nihon-go, wakarimasu ka?

B：② （はい、すこし。／いいえ、わかりません。／はい、わかります。）

Hai, sukoshi. Iie, wakarimasen. Hai, wakarimasu.

1） 大学 山 川

2） あいうえお みず ほん

3） アイウエオ コーヒー パン

4）

5）

6）

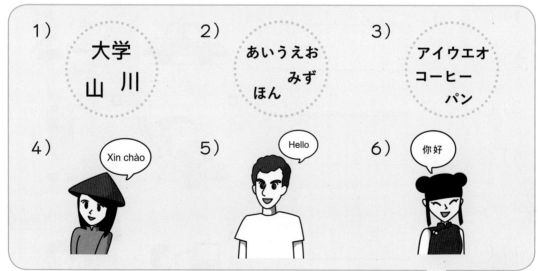

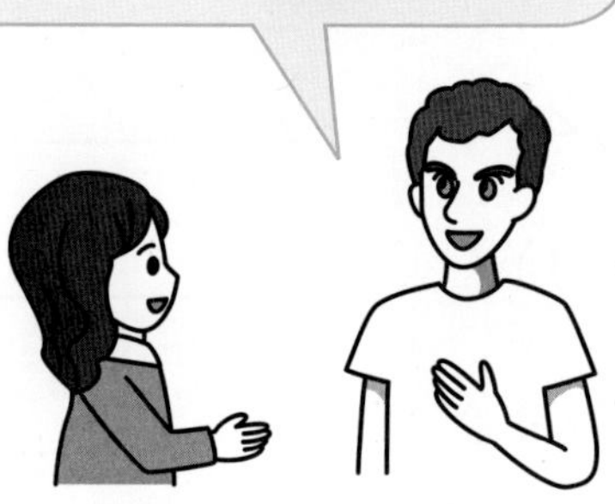

A B

2. B에게 1)~3)을 예와 같이 부탁해 보세요. K-16

れい

A：＿メニュー＿、おねがいします。
Menyuu, onegaishimasu.

B：はい。
Hai

1）

2）

3）

しゃしん
shashin

3. ① 1)~4)에 대해서 예와 같이 물어보세요. K-17
② 질문 ①을 듣고, 그림 1)~4)에서 알맞은 것을 골라 예와 같이 말해 보세요.

れい P-01

カレー
karee

すし
sushi

ラーメン
raamen

A：①なにを ＿たべます＿ か。
Nani o tabemasu ka?

B：②＿うーん。＿
Uun.

A：①なにを ＿たべます＿ か。
Nani o tabemasu ka?

B：②＿(ラーメン)＿を ＿たべます＿。
Raamen o tabemasu.

1)

2)

3)

4)

K18~24 MP3

3
レストランで②

Resutoran de

레스토랑에서 ②

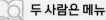

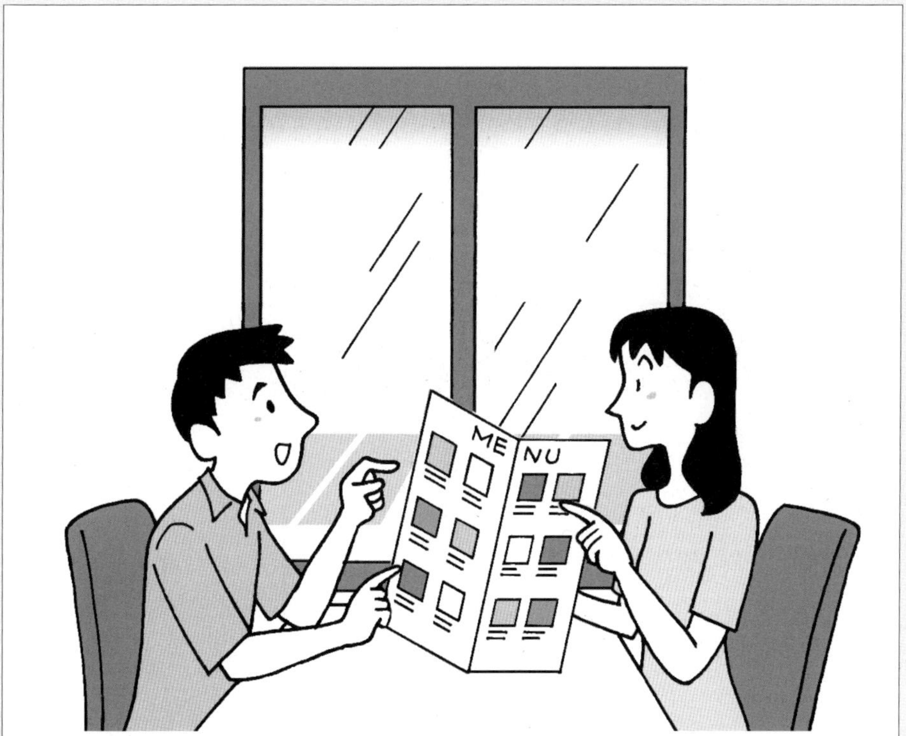

두 사람은 메뉴를 보면서 어떤 대화를 하고 있을까요?

かいわ 회화

K-18

P-02

ハイ　：**これ**①は　カレーですか。
Hai：　Kore wa karee desu ka?

さとう：**はい、そうです。**②
Satoo：　Hai, soo desu.

ハイ　：**これは　なんですか。**③
Kore wa nan desu ka?

さとう：すしです。
Sushi desu.

ハイ　：おいしい**です**④**か。**⑤
Oishii desu ka?

さとう：**ええ。**⑥
Ee.

①~⑥의 문법과 표현 해설은 별책 22페이지를 확인하세요.

ことば 어휘

(K-19)

おいしい
oishii

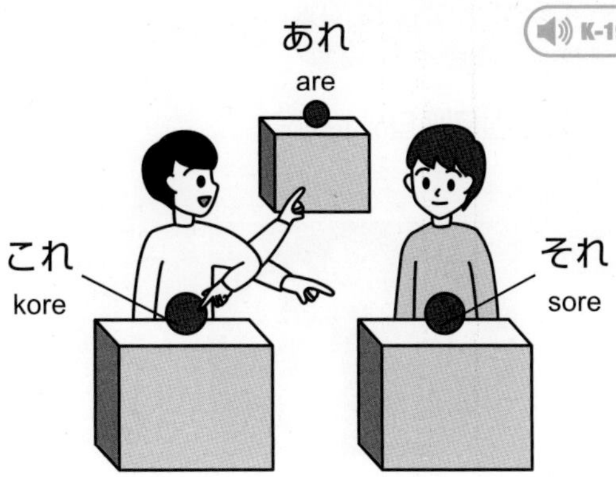

これは　なんですか。　Kore wa nan desu ka?　이것은 무엇입니까?

いっしょに　おぼえよう！ 함께 외워 봅시다!

(K-20)

からい
karai

あまい
amai

あつい
atsui

つめたい
tsumetai

ことばの　れんしゅう 어휘 연습

정답 별책 P.4

① 음성을 듣고, A~D 중에서 알맞은 것을 골라 (　　) 안에 써 넣으세요. (K-21)

② 그림을 참고하여 빈칸에 들어갈 알맞은 일본어를 써 보세요.

れい (　B　) ＿＿あまい＿＿

1) (　　　) ＿＿＿＿＿＿＿＿

2) (　　　) ＿＿＿＿＿＿＿＿

3) (　　　) ＿＿＿＿＿＿＿＿

A

B

C

D

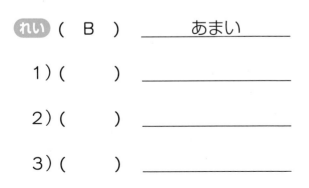

やってみよう！ 연습해 봅시다!

별책 P.8~9

1. A의 질문에 답해 보세요.

K-22

れい

A：これは　すしですか。
Kore wa　sushi　desu ka

B：はい、そうです。
Hai,　soo desu.

A：これは　カレーですか。
Kore wa　karee　desu ka?

B：いいえ、ちがいます。
Iie,　chigaimasu.

P-03

メニュー

れい
ちらしずし
chirashizushi

1）
カレー
karee

2）
すきやき
sukiyaki

3）
おにぎり
onigiri

4）
たこやき
takoyaki

5）
ラーメン
raamen

2. ① 메뉴 1)~5)를 가리키며, 예와 같이 물어보세요.
② ①의 질문에 답해 보세요.

K-23

れい

A：①これは　なんですか。
Kore wa　nan desu ka?

B：②＿カレー＿です。
Karee　desu.

P-04

◀ メニュー ▶

れい
カレー
karee

1）
しゃぶしゃぶ
shabushabu

2）
おこのみやき
okonomiyaki

3）
うどん
udon

4）
かつどん
katsudon

5）
のりまき
norimaki

3. 그림 1)~4)를 보고, 예와 같이 물어보세요. K-24

れい

A：これ、＿おいしい＿ですか。
Kore, oishii desu ka?

B：ええ。
Ee.

1）

2）

3）

4）

4 レストランで③

K25~32 MP3

Resutoran de

레스토랑에서 ③

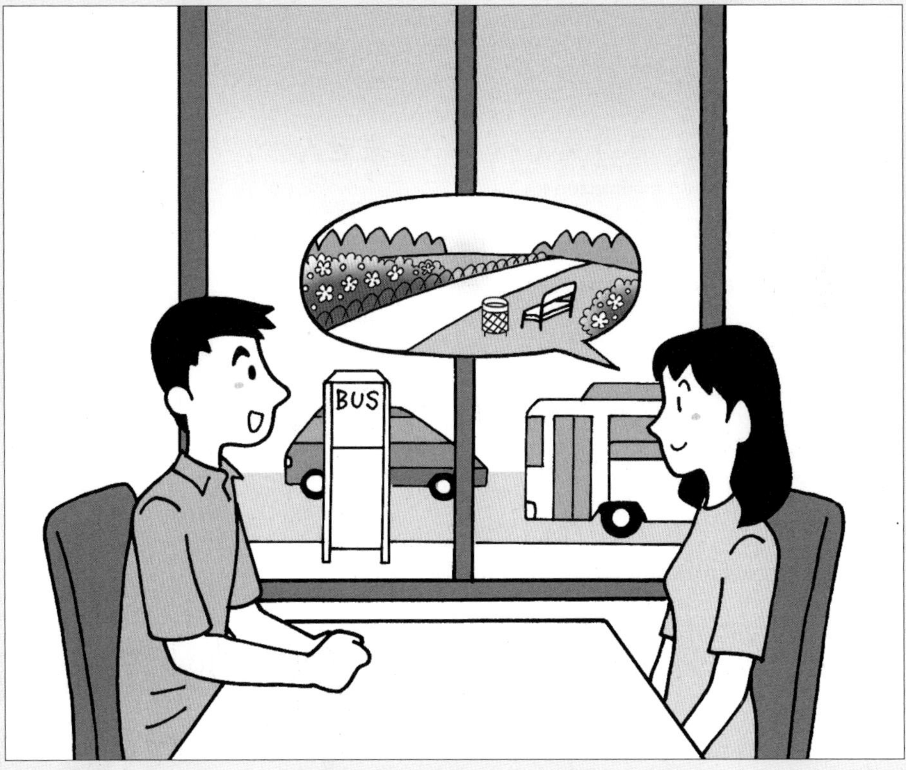

두 사람은 이후에 어디로 갈까요?
하이 씨는 무엇을 물어보고 있을까요?

かいわ 회화

K-25

さとう：ハイさん、こうえん**へ**① いき**ませんか**②。
Satoo： Hai-san, kooen e ikimasen ka?

ハイ　：**いいですね**③。なん**で**④ いきますか。
Hai： Ii desu ne. Nan de ikimasu ka?

さとう：バスで いきます。
Basu de ikimasu.

ハイ　：とおいですか。
Tooi desu ka?

さとう：**いいえ**⑤、とお**くないです**⑥。
Iie, tookunai desu.

①~⑥의 문법과 표현 해설은 별책 22페이지를 확인하세요.

ことば 어휘

K-26

バス
basu

こうえん
kooen

いきます
ikimasu

とおい
tooi

いいですね。	Ii desu ne.	좋습니다. (동의)

いっしょに　おぼえよう！ 함께 외워 봅시다!

K-27

うみ
umi

やま
yama

でんしゃ
densha

くるま
kuruma

ひこうき
hikooki

バイク
baiku

ちかてつ
chikatetsu

ふね
fune

たかい
takai

むずかしい
muzukashii

ことばの　れんしゅう　어휘 연습

정답 별책 P.4

① 음성을 듣고, A~D 중에서 알맞은 것을 골라 (　　　) 안에 써 넣으세요.

② 그림을 참고하여 빈칸에 들어갈 알맞은 일본어를 써 보세요.

1.

K-28

れい (　B　) たかい

1) (　　　) ________

2) (　　　) ________

3) (　　　) ________

4) (　　　) ________

5) (　　　) ________

A

B

C

D

E

F

2.

K-29

1) (　　　) ________

2) (　　　) ________

3) (　　　) ________

4) (　　　) ________

5) (　　　) ________

6) (　　　) ________

7) (　　　) ________

A

B

C

D

E

F

G

やってみよう！ 연습해 봅시다!

별책 P.9~11

1. 상대방에게 1)~3)의 장소에 가자고 예와 같이 권유해 보세요. K-30

れい 

A：＿こうえん＿へ　いきませんか。
Kooen e ikimasen ka?

B：いいですね。
Ii desu ne.

1） 

2） 

3）（　　　　　　）

가고 싶은 곳을
자유롭게 넣어 말해 보세요.

2. ① 어떤 교통수단을 이용해서 갈지 물어보세요. K-31

② 질문 ①을 듣고, 1)~7)의 여러가지 교통수단 그림을 보며 예와 같이 대답해 보세요.

れい 

A：①なんで　いきますか。
Nan de ikimasu ka?

B：②＿バス＿で　いきます。
Basu de ikimasu.

1） 

2） 

3） 

4） 

5） 

6） 

7） 

3. ① B에게 1)~3)에 대해 예와 같이 물어보세요.
② ①의 질문에 예와 같이 부정문으로 답해 보세요.

K-32

れい

A：① とおい ですか。
Tooi desu ka?

B：②いいえ、 とおくないです 。
Iie, tookunai desu.

1）

2）

3）

K33~41 MP3

5
バスで

Basu de

버스에서

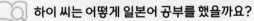

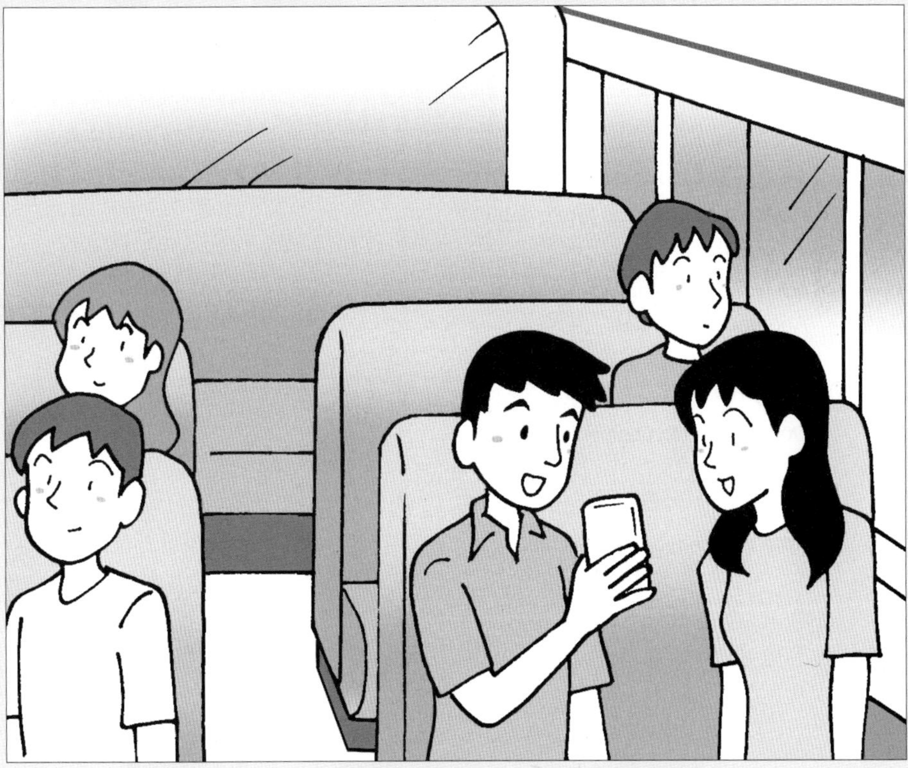

하이 씨는 어떻게 일본어 공부를 했을까요?

かいわ 회화

K-33

さとう：ハイさん、にほんごが① じょうずですね②。
Satoo： Hai-san, nihon-go ga joozu desu ne.

ハイ　：**ありがとうございます。**③
Hai： Arigatoo gozaimasu.

さとう：**どうやって**④ べんきょうし**ました**⑤か。
Dooyatte benkyooshimashita ka?

ハイ　：これ**で**⑥ べんきょうしました。
Kore de benkyoo shimashita.

①~⑥의 문법과 표현 해설은 별책 24페이지를 확인하세요.

ことば　어휘

K-34

じょうず

joozu

べんきょうします

benkyooshimasu

どうやって	dooyattte	어떻게

いっしょに　おぼえよう！　함께 외워 봅시다!

K-35

うた

uta

え

e

りょうり

ryoori

サッカー

sakkaa

ピアノ

piano

インターネット

intaanetto

アプリ

apuri

（うたを）うたいます

(uta o) utaimasu

（りょうりを・サッカーを）します

(ryoori o, sakkaa o) shimasu

きのう	kinoo	어제

ことばの　れんしゅう 어휘 연습

정답 별책 P.4

① 음성을 듣고, A~D 중에서 알맞은 것을 골라 (　　) 안에 써 넣으세요.

② 그림을 참고하여 빈칸에 들어갈 알맞은 일본어를 써 보세요.

1.

K-36

れい (A) りょうり

1) (　　) ______________

2) (　　) ______________

3) (　　) ______________

A

B

C

D

2.

K-37

1) (　　) ______________

2) (　　) ______________

3) (　　) ______________

4) (　　) ______________

A

B

C

D

3.

K-38

1) (　　) ____________を__________

2) (　　) ____________を__________

3) (　　) ________を______________

A

B

C

やってみよう！ 연습해 봅시다!

별책 P.11~12

1. 예와 같이 1)~6)에 대해 B를 칭찬해 보세요.

K-39

れい

A：にほんご が じょうずですね。
Nihon-go ga joozu desu ne.

B：ありがとうございます。
Arigatoo gozaimasu.

1）

2）

3）

4）

5）

6）

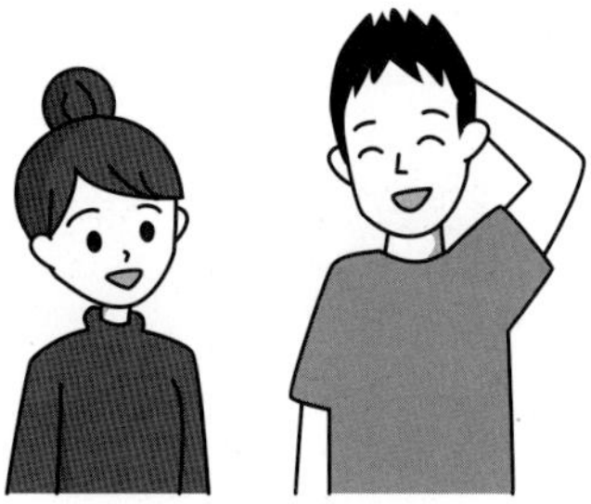

A B

2. ① 어제 1)~4)를 했는지 예와 같이 물어보세요. K-40

② ①의 질문에 대해 당신은 했는지 예와 같이 대답해 보세요.

れい

A：①きのう、レストランへ　いきましたか。

Kinoo, resutoran e ikimashita ka?

B：②（はい、いきました。／いいえ、いきませんでした。）

Hai, ikimashita. Iie, ikimasendeshita.

1）

2）

3）

ニュース

4）

3. ① 어떻게 공부했는지 물어보세요. K-41

② ①의 질문에 대해 1)~4)를 이용해서 예와 같이 대답해 보세요.

れい　これ

kore

A：①どうやって　べんきょうしましたか。

Dooyatte benkyooshimashita ka?

B：②これで　べんきょうしました。

Kore de benkyooshimashita.

1）

アニメ

2）

ドラマ

3）

4）

K42~49 MP3

6
こうえんで

Kooen de

공원에서

두 사람은 이 공원에 대해서 어떻게 이야기하고 있을까요?

사토 씨는 무엇을 이야기하고 있을까요?

さとう：きれいな① こうえんですね。
Satoo： Kireena kooen desu ne.

ハイ　：ええ。②
Hai： Ee.

ハイ　：つかれましたね。
Tsukaremashita ne.

さとう：ええ。あ③、カフェが④ あります。
Ee. A, kafe ga arimasu.

あそこで⑤ やすみませんか。
Asoko de yasumimasen ka?

ハイ　：そうですね。⑥
Soo desu ne.

①~⑥의 문법과 표현 해설은 별책 26페이지를 확인하세요.

ことば 어휘

K-43

きれい
kiree

つかれました
tsukaremashita

カフェ
kafe

やすみます
yasumimasu

あります	arimasu	있습니다

いっしょに　おぼえよう！ 함께 외워 봅시다!

K-44

い A

별책 P.26

ちいさい
chiisai

おおきい
ookii

あたらしい
atarashii

ふるい
furui

いい
ii

な A

별책 P.26

しずか
shizuka

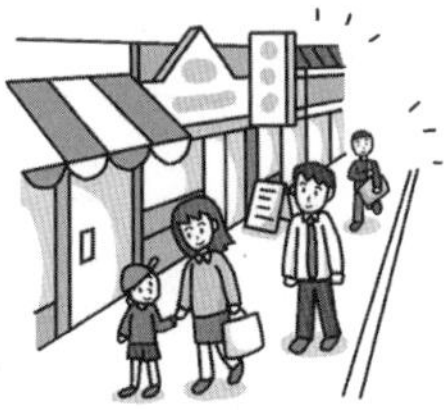

にぎやか
nigiyaka

きれい
kiree

みせ
mise

ベンチ
benchi

かばん
kaban

ことばの　れんしゅう 어휘 연습

정답 별책 P.4

① 음성을 듣고, A~H 중에서 알맞은 것을 골라 (　　) 안에 써 넣으세요.
② 그림을 참고하여 빈칸에 들어갈 알맞은 일본어를 써 보세요.

K-45

れい (B) おおきい

1) (　　) ________

2) (　　) ________

3) (　　) ________

4) (　　) ________

5) (　　) ________

6) (　　) ________

7) (　　) ________

A　B　C　D　E

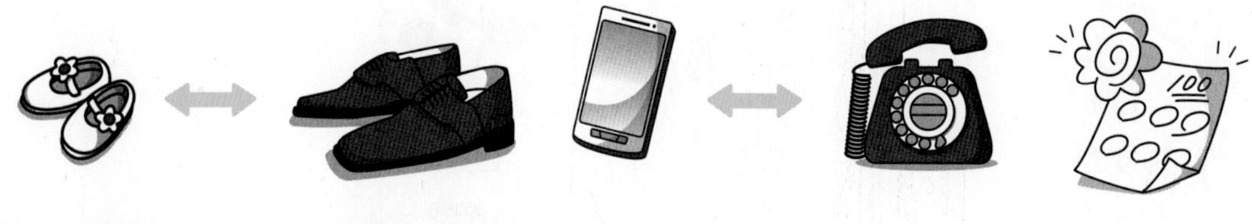

F　G　H

やってみよう！ 연습해 보세요!

별책 P.12~13

1. 다음 형용사를 い형용사 그룹과 な형용사 그룹으로 나눠 보세요.

いい	しずか	おおきい	きれい	きれい	あたらしい
ふるい	おいしい	からい	あまい	つめたい	あつい
にぎやか	じょうず	とおい	たかい	むずかしい	

いA

なA

2. 「な」를 붙이는 것에는 (〇)를, 붙이지 않는 것에는 (X)를 그려 주세요.

れい ふるい（な）
きれい（な）

1）にぎやか（な）

2）おおきい（な）

3）いい（な）

4）ちいさい（な）

こうえん

3. 1)~6)이 어떤 공원인지, 예와 같이 말해 보세요. K-46

れい

A：きれいな こうえんですね。
Kireena kooen desu ne.

B：ええ。
Ee.

1）

2）

3）

4）

5）

6）

4. 1)~4)의 장소를 발견하고 그곳에서 쉬자고 권유해 보세요. K-47

れい

A：あ、__カフェ__が　あります。あそこで　やすみませんか。
A, kafe ga arimasu. Asoko de yasumimasen ka?

B：そうですね。
Soo desu ne.

1）

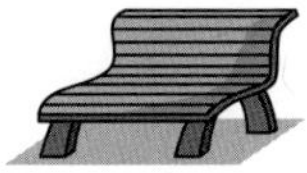

2）

3）

4）（　　　　　）

알고 있는 장소를 넣어
말해 보세요.

① 음성을 듣고, 눈으로 익혀 보세요.
② 다시 한번 음성을 듣고, 말해 보세요.

K-48

わたしの　かぞく

Watashi no kazoku

나의 가족

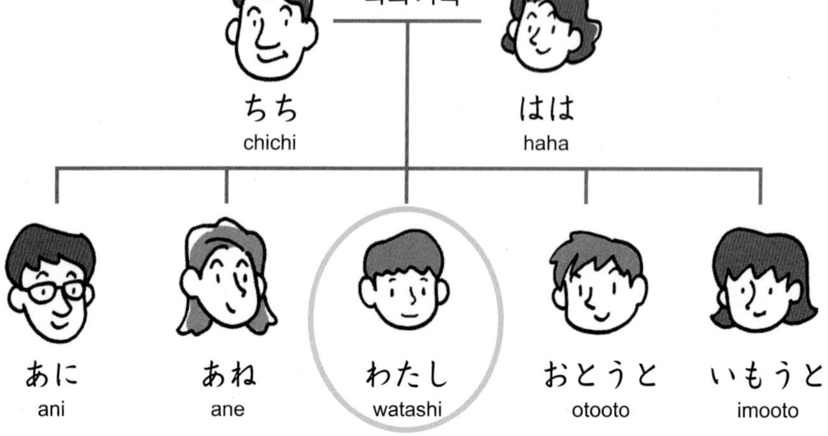

やまださんの　かぞく

Yamada-san no kazoku

야마다 씨의 가족

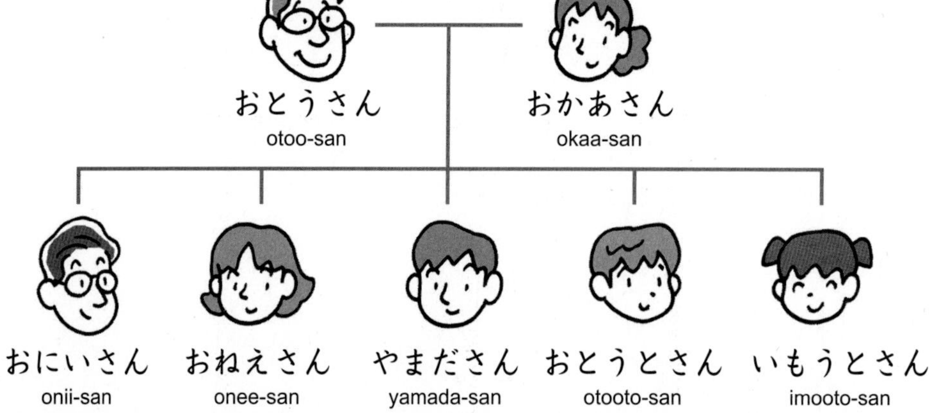

れんしゅう 연습

K-49

사진을 보여주면서 여러분의 가족을 소개해 보세요.

れい これは（　ちち　）です。
Kore wa　chichi　desu.

これは（　おとうと　）です。
Kore wa　otooto　desu.

7

K50~60 MP3

さとうさんの うちで①

Satoo-san no uchi de

사토 씨의 집에서①

사토 씨는 무엇을 하고 있을까요?

사토 씨는 무슨 말을 할까요?

かいわ 회화

K-50

ハイ　：**こんにちは**①。
Hai :　Kon'nichiwa.

さとう：ハイさん、おとうとです。
Satoo :　Hai-san, otooto desu.

ハイ　：**はじめまして**②、ハイです。
Hajimemashite, Hai desu.

おとうとさん**も**③　だいがくせいですか。
Otooto-san mo daigakusee desu ka?

さとう：いいえ、だいがくせい**じゃ　ありません**④。こうこうせいです。
Iie, daigakusee ja arimasen. Kookoosee desu.

さとう：ハイさん、おちゃ、**どうぞ**⑤。
Hai-san, ocha, doozo.

ハイ　：**ありがとうございます**⑥。**いただきます**⑦。
Arigatoo gozaimasu. Itadakimasu.

①~⑦의 문법과 표현 해설은 별책 26페이지를 확인하세요.

ことば 어휘

K-51

うち

uchi

だいがくせい

daigakusee

대학생

こうこうせい

kookoosee

고등학생

おちゃ

ocha

こんにちは。	Kon'nichiwa.	안녕하세요.
はじめまして。	Hajimemashite.	처음 뵙겠습니다.
おちゃ、どうぞ。	Ocha, doozo.	차 드세요.
ありがとう ございます。	Arigatoo gozaimasu.	감사합니다.
いただきます。	Itadakimasu.	잘 먹겠습니다.

いっしょに　おぼえよう！ 함께 외워 봅시다!

K-52

こいびと

koibito

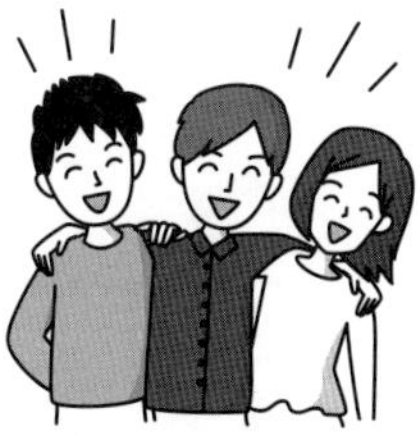

ともだち

tomodachi

こうちゃ

koocha

おかし

okashi

ケーキ

keeki

ことばの　れんしゅう 어휘 연습

정답 별책 P.4

① 음성을 듣고, A~D 중에서 알맞은 것을 골라 (　　　)안에 써 넣으세요.
② 그림을 참고하여 빈칸에 들어갈 알맞은 일본어를 써 보세요.

1.

K-53

れい (　A　) おかし

1) (　　　) ________

2) (　　　) ________

3) (　　　) ________

2.

K-54

1) (　　　) ________

2) (　　　) ________

3) (　　　) ________

4) (　　　) ________

3.

K-55

1) (　　　) ________

2) (　　　) ________

3) (　　　) ________

4) (　　　) ________

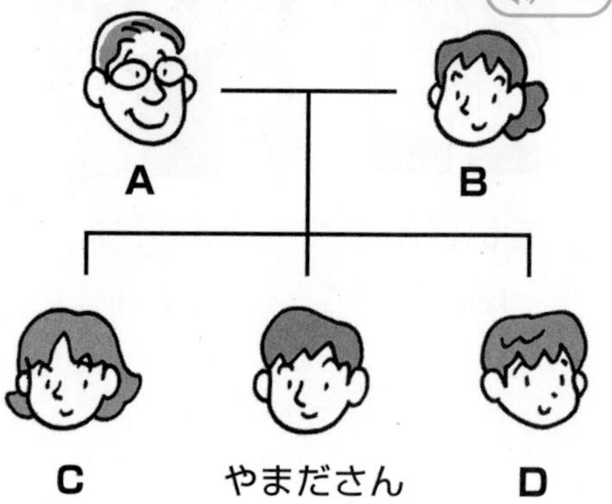

やってみよう！ 연습해 봅시다!

별책 P.13~14

1. 예와 같이 사토 씨에게 당신의 가족 1)~5)를 소개해 보세요.

K-56

れい

A：さとうさん、＿おとうと＿です。
Satoo-san, otooto desu.

B：はじめまして、さとうです。
Hajimemashite, Satoo desu.

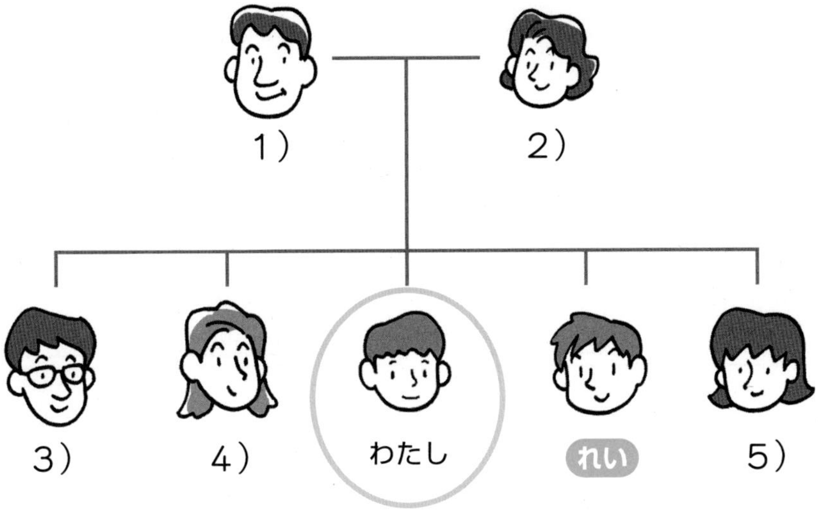

2. ① B에게 사진에 있는 사람이 연인인지 예와 같이 물어보세요.
② ①의 질문을 듣고, 누구와 함께 찍은 사진인지 1)~3)을 보고 대답해 보세요.

K-57

れい

いもうと

おとうと

A：①こいびとですか。
Koibito desu ka?

B：②いいえ、こいびとじゃ　ありません。いもうと／おとうと です。
Iie, koibito ja arimasen. imooto / otooto desu.

1）

あね

2）

はは

3）

ともだち

1）

あに

2）

ちち

3）

ともだち

3. 예와 같이 사토 씨에게 1)~4)를 권유해 보세요.

K-58

れい

A：さとうさん、＿おちゃ＿、どうぞ。
Satoo-san, ocha, doozo.

B：ありがとうございます。いただきます。
Arigatoo gozaimasu. Itadakimasu.

1）

2）

3）

4）（　　　　　）

좋아하는 음료나
음식을 넣어 말해 보세요.

① 음성을 듣고, 눈으로 익혀 보세요.
② 다시 한번 음성을 듣고, 말해 보세요.

K-59

かず Kazu **숫자**

0	れい／ゼロ	ree ／ zero			
1	いち	ichi	11	じゅういち	juu ichi
2	に	ni	12	じゅうに	juu ni
3	さん	san	13	じゅうさん	juu san
4	よん／し	yon ／ shi	14	じゅうよん／じゅうし	juu yon ／ juu shi
5	ご	go	15	じゅうご	juu go
6	ろく	roku	16	じゅうろく	juu roku
7	なな／しち	nana ／ shichi	17	じゅうなな／じゅうしち	juu nana ／ juu shichi
8	はち	hachi	18	じゅうはち	juu hachi
9	きゅう／く	kyuu ／ ku	19	じゅうきゅう／じゅうく	juu kyuu ／ juu ku
10	じゅう	juu	20	にじゅう	ni juu

じかん Jikan **시간**

1:00	いちじ	ichi-ji	7:00	しちじ	shichi-ji
2:00	にじ	ni-ji	8:00	はちじ	hachi-ji
3:00	さんじ	san-ji	9:00	くじ	ku-ji
4:00	よじ	yo-ji	10:00	じゅうじ	juu-ji
5:00	ごじ	go-ji	11:00	じゅういちじ	juu ichi-ji
6:00	ろくじ	roku-ji	12:00	じゅうにじ	juu ni-ji
			?	なんじ	nan-ji

ごぜん・ごご Gozen · gogo **오전 · 오후**

보통 일본에서는 시간을 말할 때 '21 : 00'라고 하기보다 'ごご 9 : 00(오후 9 : 00)'와 같이 표현하는 경우가 많습니다. 단, 오해가 생길 우려가 없을 때에는 ごぜん·ごご를 생략합니다.

れんしゅう 연습

정답 별책 P.4

1. ① 아래의 숫자를 읽어 보세요.
② 음성을 듣고, 바르게 읽었는지 확인해 보세요.

K-60

れい 4

1） 5　2） 3　3） 2　4） 8

5） 10　6） 7　7） 1　8） 6

2. 음성을 듣고, 빈칸에 숫자를 써 넣어 보세요.

れい ___7___

1）______　2）______　3）______　4）______

5）______　6）______　7）______

3. ① 아래의 시간을 읽어 보세요.
② 음성을 듣고, 바르게 읽었는지 확인해 보세요.

れい 3：00

1） 1：00　2） 4：00　3） 12：00　4） 7：00

5） 9：00　6） 10：00　7） 8：00

4. 음성을 듣고, 빈칸에 시간을 써 넣어 보세요.

れい ＿＿6＿＿ : 00

1) ＿＿＿＿ : 00　　2) ＿＿＿＿ : 00

3) ＿＿＿＿ : 00　　4) ＿＿＿＿ : 00

5) ＿＿＿＿ : 00　　6) ＿＿＿＿ : 00

7) ＿＿＿＿ : 00　　8) ＿＿＿＿ : 00

5. ① ごぜん・ごご를 사용해서 말해 보세요.
② 빈칸에 알맞은 일본어를 써 넣고, 음성을 들으며 답을 확인해 보세요.

れい 13 : 00 ＿＿ごご いちじ＿＿

1) 18 : 00 ＿＿＿＿＿＿＿＿

2) 9 : 00 ＿＿＿＿＿＿＿＿

3) 11 : 00 ＿＿＿＿＿＿＿＿

4) 7 : 00 ＿＿＿＿＿＿＿＿

5) 23 : 00 ＿＿＿＿＿＿＿＿

6) 21 : 00 ＿＿＿＿＿＿＿＿

7) 15 : 00 ＿＿＿＿＿＿＿＿

8

K61~70 MP3

さとうさんの うちで②

Satoo-san no uchi de

사토 씨의 집에서②

하이 씨는 일요일에 무엇을 할까요?

하이 씨가 귀국할 때, 사토 씨의 아버지는 무엇을 물어볼까요?

かいわ 회화

K-61

さとう：ハイさん、にちようび、**なにを　しますか**。①
Satoo：Hai-san, nichiyoobi, nani o shimasu ka?

ハイ　：アニメを　みます。
Hai：Anime o mimasu.

さとう：にほんの　アニメ**が**②　**すきですか**③。
Nihon no anime ga sukidesu ka?

ハイ　：はい。
Hai.

さとう：わたしも　すきです。
Watashi mo suki desu.

ハイ　：**きょうは　ありがとうございました**。④
Kyoo wa arigatoo gozaimashita.

さとう：ひこうきは　**なんじですか**。⑤
Hikooki wa nan-ji desu ka?

ハイ　：ごぜん 11じです。
Gozen juuichi-ji desu.

さとう：じゃ、**また　あした**。⑥
Ja, mata ashita.

①~⑥의 문법과 표현 해설은 별책 28페이지를 확인하세요.

ことば 어휘

K-62

すき
suki

日 SUN	月 MON	火 TUE	水 WED	木 THU	金 FRI	土 SAT
にちようび nichiyoobi	げつようび getsuyoobi	かようび kayoobi	すいようび suiyoobi	もくようび mokuyoobi	きんようび kin'yoobi	どようび doyoobi

なにを　しますか。	Nani o shimasu ka?	무엇을 합니까?
なんじですか。	Nan-ji desu ka?	몇 시입니까?
ごぜん 11 じ	gozen juuichi-ji	오전 11시
また　あした。	Mata ashita.	내일 또 만나요.

いっしょに　おぼえよう！ 함께 외워 봅시다!

K-63

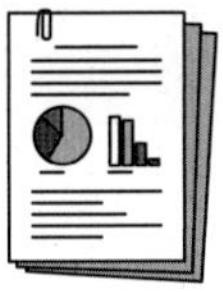

レポート
repooto

かきます
kakimasu

おんがく
ongaku

ききます
kikimasu

スポーツ
supootsu

テニス
tenisu

ゲーム
geemu

アルバイト
arubaito

えいが
eega

マンガ
manga

つくります
tsukurimasu

します
shimasu

ことばの　れんしゅう 어휘 연습

정답 별책 P.5

① 음성을 듣고, A~G(2.는 A~D) 중에서 알맞은 것을 골라 (　　　) 안에 써 넣으세요.
② 그림을 참고하여 빈칸에 들어갈 알맞은 일본어를 써 보세요.

1.

K-64

れい (　B　) おんがく

1) (　　　) ________

2) (　　　) ________

3) (　　　) ________

4) (　　　) ________

5) (　　　) ________

6) (　　　) ________

A

B

C
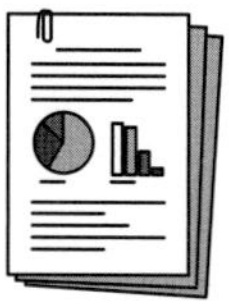

D

E

F

G

2.

K-65

1) (　　　) ________

2) (　　　) ________

3) (　　　) ________

4) (　　　) ________

A

B

C

D

やってみよう！ 연습해 봅시다!

별책 P.14~16

1. ① B에게 일요일에 무엇을 하는지 예와 같이 물어보세요. K-66

② 그림 1)~8)을 보고 예와 같이 대답해 보세요.

れい

A：①にちようび、なにを　しますか。
Nichiyoobi, nani o shimasu ka?

B：② にほんごを　べんきょうします 。
Nihon-go o benkyooshimasu.

1）

2）

3）

4）

5）

6）

7）

8）

2. ① B에게 보기 1)~6)을 좋아하는지 예와 같이 물어보세요. K-67

② ①의 질문을 듣고, 자신의 생각을 예와 같이 답해 보세요.

れい

A：① マンガ が すきですか。
Manga ga sukidesu ka?

B：② (はい。／ うーん、あまり……。)
Hai. Uun, amari.

1）

2）

3）

4）

5）

6）

3. ① 비행기가 몇 시에 출발하는지 예와 같이 물어보세요.
② 보기 1)~3)의 시간을 확인하고 대답해 보세요.

K-68

れい AM 11：00

A：①ひこうきは　なんじですか。
Hikooki wa nan-ji desu ka?

B：② ごぜん　じゅういちじ です。
Gozen juuichi-ji desu.

1）AM 7：00　　2）PM 3：00　　3）(　　　　　)

ごぜん・ごご 표현을 사용해서 자유롭게 말해 보세요.

① 음성을 듣고, 눈으로 익혀 보세요.
② 다시 한번 음성을 듣고, 말해 보세요.

K-69

かず Kazu 숫자

じゅう		ひゃく		せん		まん	
10	じゅう juu	100	ひゃく hyaku	1,000	せん sen	10,000	いちまん **ichi** man
20	にじゅう ni juu	200	にひゃく ni hyaku	2,000	にせん ni sen	20,000	にまん ni man
30	さんじゅう san juu	300	さんびゃく san **byaku**	3,000	さんぜん san **zen**	30,000	さんまん san man
40	よんじゅう yon juu	400	よんひゃく yon hyaku	4,000	よんせん yon sen	40,000	よんまん yon man
50	ごじゅう go juu	500	ごひゃく go hyaku	5,000	ごせん go sen	50,000	ごまん go man
60	ろくじゅう roku juu	600	ろっぴゃく **roppyaku**	6,000	ろくせん roku sen	60,000	ろくまん roku man
70	ななじゅう nana juu	700	ななひゃく nana hyaku	7,000	ななせん nana sen	70,000	ななまん nana man
80	はちじゅう hachi juu	800	はっぴゃく **happyaku**	8,000	はっせん **hassen**	80,000	はちまん hachi man
90	きゅうじゅう kyuu juu	900	きゅうひゃく kyuu hyaku	9,000	きゅうせん kyuu sen	90,000	きゅうまん kyuu man
?	なんじゅう nan juu	?	なんびゃく nan **byaku**	?	なんぜん nan **zen**	?	なんまん nan man

れんしゅう 연습

정답 별책 P.5

K-70

1. ① 아래의 숫자를 읽어 보세요.
② 음성을 듣고, 정답을 확인해 보세요.

1) 36　2) 52　3) 71　4) 19
5) 95　6) 28　7) 47　8) 84

2. 음성을 듣고, 숫자를 써 보세요.

れい 90

1) ____　2) ____　3) ____　4) ____
5) ____　6) ____　7) ____　8) ____

3. ① 아래의 숫자를 읽어 보세요.
② 음성을 듣고, 정답을 확인해 보세요.

1) 400　2) 350　3) 912　4) 831
5) 199　6) 748　7) 207　8) 625

4. 음성을 듣고, 숫자를 써 보세요.

1) ____　2) ____　3) ____　4) ____
5) ____　6) ____　7) ____　8) ____

5. ① 아래의 숫자를 읽어 보세요.
② 음성을 듣고, 정답을 확인해 보세요.

1） 5,000　　2） 9,800　　3） 1,998
4） 2,016　　5） 3,221　　6） 4,375
7） 8,749　　8） 6,503

6. 음성을 듣고, 숫자를 써 보세요.

1）__________　2）__________　3）__________　4）__________
5）__________　6）__________　7）__________　8）__________

7. ① 아래의 숫자를 읽어 보세요.
② 음성을 듣고, 정답을 확인해 보세요.

1） 80,000　　2） 12,345　　3） 60,789
4） 77,777　　5） 53,982　　6） 45,826
7） 38,001　　8） 20,603

8. 음성을 듣고, 숫자를 써 보세요.

1）____________　2）____________　3）____________
4）____________　5）____________　6）____________
7）____________　8）____________

9
タクシーで

Takushii de

택시로

공항으로 가는 택시 안에서 두 사람은 무슨 이야기를 할까요?

두 사람은 헤어질 때, 어떤 인사를 할까요?

K71~78 MP3

かいわ 회화

K-71

ハイ　：さとうさん、くうこう**まで**①
いくらですか②。
Hai :　Satoo-san, kuukoo made ikura desu ka?

さとう：3,000 えん**くらい**③です。
Satoo :　Sanzen-en kurai desu.

さとう：チェックインは　なんじ**から**④ですか。
Chekkuin wa nan-ji kara desu ka?

ハイ　：9：00 からです。
Ku-ji kara desu.

さとう：ハイさん、おみやげを　かいますか。
Hai-san, omiyage o kaimasu ka?

ハイ　：はい。にほんの　おみやげは　なに**が**　**いいですか**⑤。
Hai. Nihon no omiyage wa nani ga iidesu ka?

さとう：おかしが　いいです**よ**⑥。
Okashi ga ii desu yo.

ハイ　：**そうですか**⑦。
Soo desu ka.

ハイ　：さとうさん、
いろいろありがとうございました。
Satoo-san, iroiro arigatoo gozaimashita.

さとう：**いいえ**⑧。**また　きて　くださいね**⑨。
Iie. Mata kite kudasai ne.

①~⑨의 문법과 표현 해설은 별책 30페이지를 확인하세요.

ことば 어휘

K-72

チェックイン

chekkuin

おみやげ

omiyage

いくら	ikura	얼마
なにが　いいですか。	Nani ga ii desu ka?	무엇이 좋습니까?
そうですか。	Soo desu ka.	그렇습니까?
また　きて　くださいね。	Mata kite kudasai ne.	또 오세요.

いっしょに　おぼえよう！ 함께 외워 봅시다!

K-73

ホテル

hoteru

デパート

depaato

びじゅつかん

bijutsukan

としょかん

toshokan

おはし

ohashi

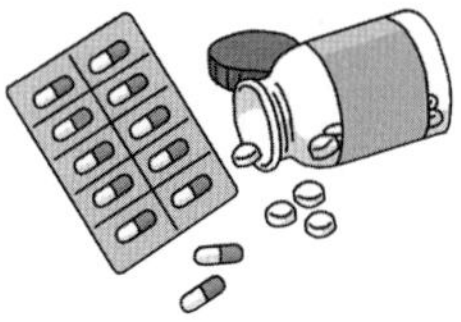

くすり

kusuri

チョコレート

chokoreeto

ことばの　れんしゅう 어휘 연습

정답 별책 P.5

① 음성을 듣고, A~D 중에서 알맞은 것을 골라 (　　　) 안에 써 넣으세요.

② 그림을 참고하여 빈칸에 들어갈 알맞은 일본어를 써 보세요.

1.

K-74

れい (　A　) ホテル

1) (　　　) ______

2) (　　　) ______

3) (　　　) ______

A

B

C

D

2.

K-75

1) (　　　) ______

2) (　　　) ______

3) (　　　) ______

4) (　　　) ______

A

B

C

D

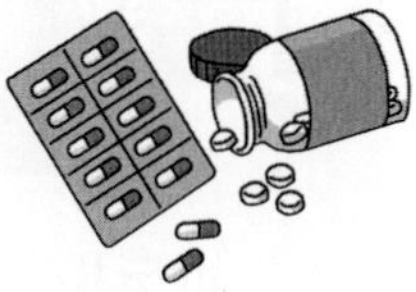

やってみよう！ 연습해 봅시다!

별책 P.16~17

1. ① 1)~3)의 목적지까지 비용이 얼마나 드는지, 예와 같이 물어보세요. K-76

② ①의 질문을 듣고, 목적지까지의 금액을 예와 같이 답해 보세요.

れい

A：①＿くうこう＿まで　いくらですか。
Kuukoo　made　ikura desu ka?

B：②＿3,000＿えんくらいです。
Sanzen　-en kurai desu.

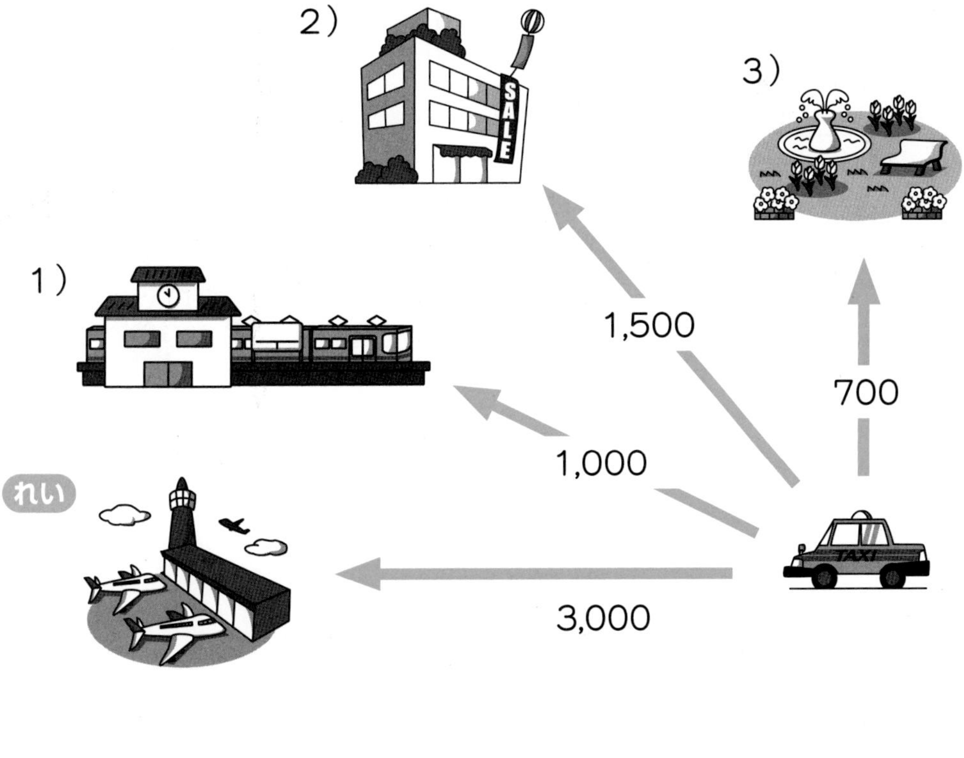

2. ① 1)~6)이 몇 시부터 시작하는지, 예와 같이 물어보세요.

K-77

② ①의 질문을 듣고, 여러분의 나라에서는 몇 시에 시작하는지 답해 보세요.

れい

A：① チェックイン は　なんじからですか。
Chekkuin wa nan-ji kara desu ka?

B：②（ 9：00 ）からです。
Ku-ji kara desu.

1）

2）

3）

4）

5）

6）

3. ① 1)~3)에 대해 예와 같이 일본의 추천 음식이나 장소를 물어보세요. K-78

れい

A：①＿おみやげ＿は　＿なに＿が　いいですか。
Omiyage wa nani ga ii desu ka?

B：おかしが　いいですよ。
Okashi ga ii desu yo.

② ①의 질문을 듣고, 여러분의 나라는 어떤지 추천해 보세요.

A：おみやげは　なにが　いいですか。
Omiyage wa nani ga ii desu ka?

B：②(＿おかし＿)が　いいですよ。
Okashi ga ii desu yo.

1) りょうり

なに？

2) ホテル

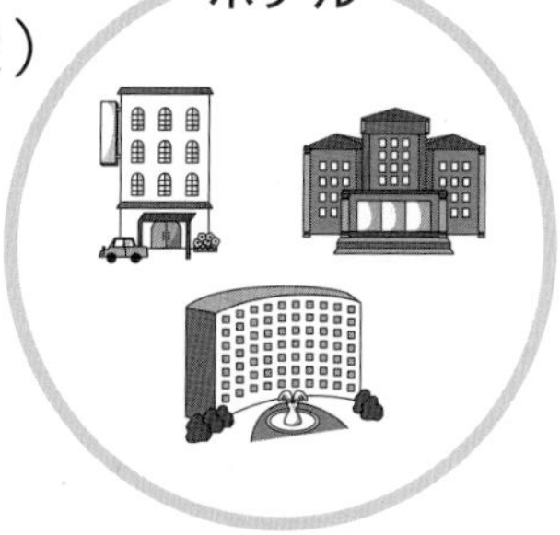

どこ？

3) レストラン

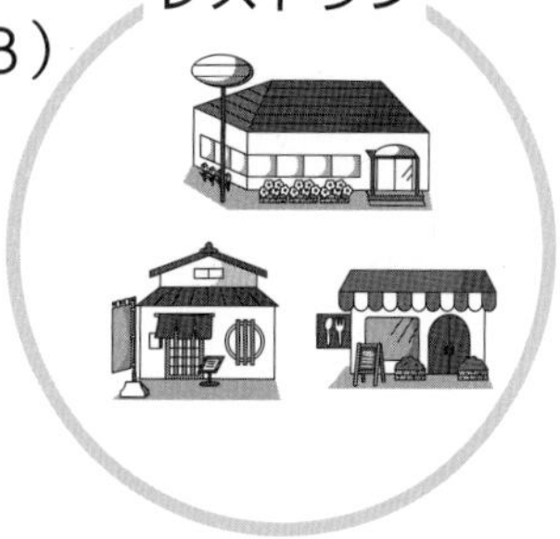

どこ？

문법・표현 리스트

상세한 설명은 별책을 확인해 보세요.

품사

Ⓝ 명사 　 いA い형용사
Ⓐ 형용사 　 なA な형용사
Ⓥ 동사

	문법	표현
1	Ⓝ です。 | ~입니다. Ⓝ ですか。 | ~입니까? Ⓝ の Ⓝ | ~의~, ~인~ ～は | ~은/는 (화제, topic) ここ・そこ・あそこ | 여기·거기·저기	あのう。 | 저기, 저기요. 이름 さん | ~씨 はい。 | 네. (질문에 대한 대답) よろしくおねがいします。 잘 부탁드립니다. どこですか。 | 어디예요?
2	Ⓥ ます。 | ~합니다. Ⓥ ますか。 | ~합니까? ➡はい、Ⓥ ます。 | 네, ~합니다. ➡いいえ、Ⓥ ません。 아니요, ~하지 않습니다. なにを Ⓥ ますか。 | 무엇을 ~합니까?	국가명 じん | ~인 えっ? | 어, 앗(놀랐을 때의 소리) 국가명 ご ~어 こちらへ　どうぞ。 | 이쪽으로 오세요. すみません。 | 미안해요. おねがいします。 | 부탁드립니다. ➡はい。 | 네. うーん。 | 으음.
3	これ・それ・あれ 이것·그것·저것 Ⓝ ですか。 | ~입니까? ➡はい、そうです。 | 네, 그래요. ➡いいえ、ちがいます。 아니요, 그렇지 않아요. Ⓐ です。 | ~입니다. Ⓐ ですか。 | ~입니까?	ええ。 | 네. (질문에 대한 대답) これは　なんですか。 | 이건 뭐예요?
4	～へ | ~에 (방향) Ⓥ ませんか。 | ~하지 않을래요? (권유) ➡いいですね。 | 좋아요.	いいえ。 | 아니요. (질문에 대한 대답)

	～で ｜ ~로 (교통수단) いA ～~~い~~＋くないです。 ~하지 않습니다.	
5	～が　じょうずです。 ~을 잘해요. ～ね。 ｜ ~이군요, ~이지요. V ました。 ｜ ~했습니다. V ませんでした。 ｜ ~하지 않았습니다. どうやって～ ｜ 어떻게~ ～で ｜ ~로 (수단)	ありがとうございます。 고맙습니다. (창찬받았을 때의 대답)
6	いA＋N ~인~ なA＋な＋N ~인~ ～が　あります。 ｜ ~이 있습니다. ～で ｜ ~에서 (동작의 장소)	ええ。 ｜ 네, 예. (동의 · 공감) あ。 ｜ 아.(갑자기 생각났을 때 내는 소리) そうですね。 그래요.
7	～も ｜ ~도 N / なA＋じゃ　ありません。 ~이 아닙니다.	こんにちは。 ｜ 안녕하세요. はじめまして。 ｜ 처음 뵙겠습니다. どうぞ。 아무쪼록, 어서 ありがとうございます。 고맙습니다. (감사의 말) いただきます。 ｜ 잘 먹겠습니다.
8	～が　すきです。 ｜ ~을 좋아합니다.	なにを　しますか。 ｜ 무엇을 해요? うーん、あまり……。 ｜ 아니, 별로…. きょうは　ありがとうございました。 오늘은 고마웠습니다. また　あした。 ｜ 내일 또 만나요. なんじですか。 ｜ 몇 시예요? 시각
9	～まで ~까지 ～から ~부터 의문사が　いいですか。 ｜ ~이 좋아요? ～よ。 ~요, ~해요, ~예요.	いくらですか。 ｜ 얼마예요? ～くらい ｜ ~정도 そうですか。 ｜ 그래요? いいえ。 ｜ 아니에요. (감사의 인사에 대한 대답) また　きてくださいね。 ｜ 또 오세요.

[저자 소개]

町田恵子

ABK(공익재단법인 아시아학생문화협회) 전임강사 · 교무 담당 · 부교장을 거쳐 현재 아카데미 오브 랭귀지 아트 교사 양성 코스 담당

藤田百子

학교법인 ABK학관 ABK학관 일본어 학교 특임 강사, 와세다대학 일본어교육연구센터 비상근 지도원

向井あけみ

학교법인 ABK학관 ABK학관 일본어 학교 비상근 강사

草野晴香

인도네시아에서 전임 일본어 강사, ABK(공익재단법인 아시아학생문화협회)에서 비상근 강사를 거쳐 현재 아카데미 오브 랭귀지 아트 비상근 일본어 강사

[번역]

Academic Japanese 연구소

TRY! START

히라가나부터 싹트는 일본어

초판 1쇄 발행 2022년 1월 18일

지은이 町田恵子 · 藤田百子 · 向井あけみ · 草野晴香
펴낸곳 (주)에스제이더블유인터내셔널
펴낸이 양홍걸 이시원

홈페이지 www.siwonschool.com
주소 서울시 영등포구 영신로 166 시원스쿨
교재 구입 문의 02)2014-8151
고객센터 02)6409-0878

ISBN 979-11-6150-575-6
Number 1-311111-11111800-02

TRY! START

トライ

히라가나부터 싹트는 일본어

べっさつ

별책

こたえ・スクリプト・かいせつ

정답 · 스크립트 · 해설

정답

1 ひらがな

きほんの ひらがな

やってみよう！

p.18 ❶ M-04
1）い　2）お　3）あ
4）うえ　5）あい　6）おい

p.19 ❷ M-07
1）こ　2）け　3）く
4）えき　5）いけ　6）かお

p.20 ❸ M-10
1）そ　2）す　3）せ
4）かさ　5）すし　6）そこ

p.21 ❹ M-13
1）て　2）ち　3）た
4）つき　5）くち　6）そと

p.22 ❺ M-16
1）に　2）の　3）ぬ
4）ねこ　5）にく　6）なつ

p.23 ❻ M-19
1）ひ　2）ほ　3）へ
4）ほし　5）はな　6）ふね

p.24 ❼ M-22
1）み　2）む　3）ま
4）あめ　5）むし　6）くも

p.25 ❽ M-25
1）や　2）よ　3）ゆ
4）やま　5）ゆめ　6）よこ

p.26 ❾ M-28
1）ろ　2）り　3）れ
4）さる　5）そら　6）くり

p.27 ❿ M-31
1）わに　2）かわ　3）わたし

p.28 にている じ M-32
1）さ　2）ほ　3）め　4）る　5）わ
6）い　7）えき　8）はす　9）あし
10）ねつ　11）かい　12）ふろ

やってみよう！

p.29 ⓬ M-36
1. 1）みんな　2）しせつ　3）かんたん
2. 1）ほん　2）てんき　3）しけん

いろいろな ひらがな

やってみよう！

p.31 ❶ M-39
1. 1）が　2）す　3）で　4）び　5）ほ
2. 1）ぎ　2）ぞ　3）ど　4）ば　5）ぺ
6）みず　7）でんわ　8）おみやげ

p.32 ❷ M-41
1）おっと　2）にし　3）きって
4）せけん　5）けんか

p.33 ❸ M-43
1）くうき　2）きれい　3）ごかく
4）おじさん　5）おばあさん

p.35 ❹ M-46
1. 1）にょ　2）ひゅ　3）しゃ
4）りょ　5）きゃく
6）きしゅ　7）しょくだい
2. 1）ぎょ　2）びゅ　3）にょ
4）ひゃ　5）じゅ　6）りゅ
7）おちゃ　8）しゃしん

p.38 ❺ M-49
1）しゅじん　2）りょうこう
3）れんしゅう　4）びよういん

p.42 ひらがなテスト

1. す—su、ぜ—ze、ki—き、ha—は

2. M-53

1）ねこ 2）ゆうき 3）ひゃく
4）こうしょう

3. 1）ひと 2）でんわ 3）かばん
4）あさって 5）さようなら

4. M-54

1）め 2）ぞ 3）ぴ 4）えき
5）でんわ 6）にもつ

2 カタカナ

きほんの カタカナ

やってみよう！

p.45 ❶ M-58

1）ス 2）ウ 3）セ 4）ソース
5）アイス 6）コース 7）ケーキ
8）スキー

p.47 ❷ M-61

1）チ 2）ナ 3）フ 4）テニス
5）ネクタイ 6）セーター 7）カタカナ

p.49 ❸ M-64

1）ラ 2）ヨ 3）マ 4）メモ
5）ミルク 6）タワー 7）フルーツ
8）カラオケ

いろいろな カタカナ

やってみよう！

p.51 ❶ M-67

1. 1）グ 2）ソ 3）ダ 4）パ 5）フ

2. 1）ド 2）ピ 3）ゴ 4）ゼ
5）ペン 6）ゲーム 7）アルバイト
8）パスポート

p.53 ❷ M-70

1）ジャ 2）チョ 3）ビュ 4）シャツ
5）メニュー 6）チョコレート

p.54 TRY!

① M-71

2）スポーツ 3）テニス 4）ドラマ
5）アニメ 6）ピアノ
7）インターネット 8）パソコン
9）ゲーム

② M-72

1）コーヒー 5）ジュース 6）カレー
7）ラーメン 8）ケーキ

③ M-73

3）ミャンマー 4）タイ
5）カンボジア 6）ベトナム
7）マレーシア 8）インドネシア
9）フィリピン

p.56 カタカナテスト

1. ン—ん、し—シ、リ—り、つ—ツ

2. 1）－A 2）－D
3）－B 4）－C

3. 1）ピアノ 2）メニュー
3）ネクタイ 4）コンビニ
5）キャンプ

4. M-74

1）マ 2）ザ 3）ウ 4）カラオケ
5）シャツ 6）デザート

3 かんじ

どんな もじ？

1）月 2）火 3）水 4）木
5）金 6）土 7）山 8）雨

だい２しょう　かいわ　　제 2 장　회화

ことばの れんしゅう　れんしゅう　정답

1　くうこうで

p.70 ことばの れんしゅう

1. K-04

1）D　くうこう　2）A　えき　3）C　ぎんこう

2. K-05

1）A　レストラン　2）D　りょうがえじょ
3）C　だいがく　4）B　トイレ

3. K-06

1）B　2）A　3）C　4）B　5）C
6）A　7）B

2　レストランで①

p.77 ことばの れんしゅう

1. K-12

1）C　みず　2）A　しゃしん
3）D　しんぶん

2. K-13

1）B　コーヒー　2）C　パン
3）D　ジュース　4）A　タクシー

3. K-14

1）A　みます　2）C　かいます
3）D　のみます　4）B　よみます

3　レストランで②

p.83 ことばの れんしゅう　K-21

1）A　からい　2）D　つめたい
3）C　おいしい

4　レストランで③

p.90 ことばの れんしゅう

1. K-28

1）F　いきます　2）C　むずかしい
3）A　とおい　4）D　やま　5）E　うみ

2. K-29

1）C　くるま　2）E　バイク
3）F　ちかてつ　4）B　でんしゃ
5）D　ひこうき　6）A　バス
7）G　ふね

5　バスで

p.96 ことばの れんしゅう

1. K-36

1）D　え　2）B　じょうず　3）C　うた

2. K-37

1）C　インターネット　2）A　サッカー
3）B　ピアノ　4）D　アプリ

3. K-38

1）B　サッカー、します
2）C　りょうり、します
3）A　うた、うたいます

6　こうえんで

p.102 ことばの れんしゅう　K-45

1）A　ちいさい　2）E　いい
3）G　にぎやか　4）D　ふるい
5）H　きれい　6）F　しずか
7）C　あたらしい

7　さとうさんの うちで①

p.110 ことばの れんしゅう

1. K-53

1）C　こうちゃ　2）B　おちゃ　3）D　ケーキ

2. K-54

1）D　ともだち　2）B　こうこうせい
3）A　こいびと　4）C　だいがくせい

3. K-55

1）D　おとうとさん　2）A　おとうさん
3）C　おねえさん　4）B　おかあさん

p.115 れんしゅう　K-60

1. 1）ご　2）さん　3）に　4）はち

5）じゅう　6）なな／しち
7）いち　8）ろく

2. 1）3　2）1　3）6　4）2
5）10　6）9　7）5

3. 1）いちじ　2）よじ　3）じゅうにじ
4）しちじ　5）くじ　6）じゅうじ
7）はちじ

4. 1）5　2）9　3）12　4）2
5）4　6）1　7）7　8）11

5. 1）ごご　ろくじ　2）ごぜん　くじ
3）ごぜん　じゅういちじ
4）ごぜん　しちじ
5）ごご　じゅういちじ
6）ごご　くじ　7）ごご　さんじ

8　さとうさんの　うちで②

p.120 ことばの　れんしゅう

1. K-64

1）F　えいが　2）E　マンガ
3）C　レポート　4）G　アルバイト
5）A　テニス　6）D　ゲーム

2. K-65

1）D　すき　2）A　ききます
3）C　つくります　4）B　かきます

p.125 れんしゅう　K-70

1. 1）さんじゅうろく　2）ごじゅうに
3）ななじゅういち
4）じゅうきゅう／じゅうく
5）きゅうじゅうご　6）にじゅうはち
7）よんじゅうなな　8）はちじゅうよん

2. 1）25　2）38　3）64　4）13
5）81　6）77　7）56　8）49

3. 1）よんひゃく
2）さんびゃくごじゅう
3）きゅうひゃくじゅうに
4）はっぴゃくさんじゅういち
5）ひゃくきゅうじゅうきゅう
6）ななひゃくよんじゅうはち
7）にひゃくなな
8）ろっぴゃくにじゅうご

4. 1）522　2）998　3）681
4）120　5）439　6）804
7）300　8）273

5. 1）ごせん
2）きゅうせんはっぴゃく
3）せんきゅうひゃくきゅうじゅうはち
4）にせんじゅうろく
5）さんぜんにひゃくにじゅういち
6）よんせんさんびゃくななじゅうご
7）はっせんななひゃくよんじゅうきゅう
8）ろくせんごひゃくさん

6. 1）7,654　2）8,345
3）4,032　4）9,564
5）2,000　6）6,957
7）1,868　8）3,001

7. 1）はちまん
2）いちまんにせんさんびゃくよんじゅうご
3）ろくまんななひゃくはちじゅうきゅう
4）ななまんななせんななひゃくななじゅうなな
5）ごまんさんぜんきゅうひゃくはちじゅうに
6）よんまんごせんはっぴゃくにじゅうろく
7）さんまんはっせんいち
8）にまんろっぴゃくさん

8. 1）75,321　2）98,477
3）25,052　4）60,000
5）19,283　6）80,024
7）43,508　8）56,789

9　タクシーで

p.130 ことばの　れんしゅう

1. K-74

1）C　デパート　2）B　としょかん
3）D　びじゅつかん

2. K-75

1）C　おみやげ　2）A　おはし
3）D　くすり　4）B　チョコレート

やってみよう！

정답·정답 예시·스크립트

※ 괄호 안에 들어갈 말을 자유롭게 써 보세요.

1　くうこうで

p.71 1. K-07

れい

A：①あのう、さとうさんですか。
B：はい。
A：②a. ベトナムだいがくのb. ハイです。
　よろしくおねがいします。

1）
A：①［あのう、すずきさんですか。］
B：はい。
A：②［(a.____）の（b. ____）です。
　よろしくおねがいします。］

2）
A：①［あのう、やまださんですか。］
B：はい。
A：②［(a.____）の（b. ____）です。
　よろしくおねがいします。］

3）
A：①［あのう、たかはしさんですか。］
B：はい。
A：②［(a.____）の（b. ____）です。
　よろしくおねがいします。］

4）
A：①［あのう、スミスさんですか。］
B：はい。
A：②［(a.____）の（b. ____）です。
　よろしくおねがいします。］

5）
A：①［あのう、キムさんですか。］
B：はい。
A：②［(a.____）の（b. ____）です。
　よろしくおねがいします。］

p.72 2. K-08

①

れい

A：りょうがえじょは　どこですか。
B：あそこです。

1）
A：［えきは　どこですか。］
B：あそこです。

2）
A：［トイレは　どこですか。］
B：そこです。

3）
A：［ぎんこうは　どこですか。］
B：ここです。

4）
A：［レストランは　どこですか。］
B：あそこです。

5）
A：［コンビニは　どこですか。］
B：そこです。

②

れい

A：りょうがえじょは　どこですか。
B：あそこです。

1）
A：えきは　どこですか。
B：[あそこです。]
2）
A：トイレは　どこですか。
B：[そこです。]
3）
A：ぎんこうは　どこですか。
B：[ここです。]
4）
A：レストランは　どこですか。
B：[あそこです。]
5）
A：コンビニは　どこですか。
B：[そこです。]

2 レストランで ①

p.78 1. K-15

①

れい

A：にほんご、わかりますか。
B：はい、すこし。
1）
A：[かんじ、わかりますか。]
B：いいえ、わかりません。
2）
A：[ひらがな、わかりますか。]
B：はい、わかります。
3）
A：[カタカナ、わかりますか。]
B：はい、すこし。
4）
A：[ベトナムご、わかりますか。]
B：はい、わかります。
5）
A：[えいご、わかりますか。]
B：はい、すこし。
6）
A：[ちゅうごくご、わかりますか。]
B：いいえ、わかりません。

②

れい

A：にほんご、わかりますか。
B：はい、すこし。
A：にほんご、わかりますか。
B：いいえ、わかりません。
A：にほんご、わかりますか。
B：はい、わかります。
1）
A：かんじ、わかりますか。
B：[(はい、すこし。／いいえ、わかりません。／はい、わかります。)]
2）
A：ひらがな、わかりますか。
B：[(はい、すこし。／いいえ、わかりません。／はい、わかります。)]
3）
A：カタカナ、わかりますか。
B：[(はい、すこし。／いいえ、わかりません。／はい、わかります。)]
4）
A：ベトナムご、わかりますか。
B：[(はい、すこし。／いいえ、わかりません。／はい、わかります。)]
5）
A：えいご、わかりますか。
B：[(はい、すこし。／いいえ、わかりません。／はい、わかります。)]
6）
A：ちゅうごくご、わかりますか。
B：[(はい、すこし。／いいえ、わかりません。／はい、わかります。)]

p.79 2. K-16

れい

A：メニュー、おねがいします。
B：はい。

1）
A：[みず、おねがいします。]
B：はい。

2）
A：[タクシー、おねがいします。]
B：はい。

3）
A：[しゃしん、おねがいします。]
B：はい。

p.80 3. K-17

①

れい

A：なにを　たべますか。
B：うーん。

1）
A：[なにを　のみますか。]
B：コーヒーを　のみます。

2）
A：[なにを　よみますか]。
B：しんぶんを　よみます。

3）
A：[なにを　みますか。]
B：うーん。

4）
A：[なにを　かいますか。]
B：ざっしを　かいます。

②

れい

A：なにを　たべますか。
B：うーん。
A：なにを　たべますか。
B：ラーメンを　たべます。

1）
A：なにを　のみますか。
B：[(うーん。／コーヒー／みず／ジュース) を　のみます。]

2）
A：なにを　よみますか。
B：[(ほん／しんぶん／ざっし) を　よみます。]

3）
A：なにを　みますか。
B：[(うーん。／アニメ／ドラマ／ニュース) を　みます。]

4）
A：なにを　かいますか。
B：[(パン／みず／ざっし) を　かいます。]

3　レストランで ②

p.84 1. K-22

れい

A：これは　すしですか。
B：はい、そうです。
A：これは　カレーですか。
B：いいえ、ちがいます。

1）
A：これは　カレーですか。
B：[はい、そうです。]

2）
A：これは　ラーメンですか。
B：[いいえ、ちがいます。]

3）
A：これは　すきやきですか。
B：[いいえ、ちがいます。]

4）
A：これは　たこやきですか。
B：[はい、そうです。]

5）
A：これは　おにぎりですか。
B：[いいえ、ちがいます。]

p.85 2. K-23
①
れい
A：これは　なんですか。
B：カレーです。
1）
A：[これは　なんですか。]
B：しゃぶしゃぶです。
2）
A：[これは　なんですか。]
B：おこのみやきです。
3）
A：[これは　なんですか。]
B：うどんです。
4）
A：[これは　なんですか。]
B：かつどんです。
5）
A：[これは　なんですか。]
B：のりまきです。
②
れい
A：これは　なんですか。
B：カレーです。
1）
A：これは　なんですか。
B：[しゃぶしゃぶです。]
2）
A：これは　なんですか。
B：[おこのみやきです。]
3）
A：これは　なんですか。
B：[うどんです。]
4）
A：これは　なんですか。
B：[かつどんです。]
5）
A：これは　なんですか。
B：[のりまきです。]

p.86 3. K-24
れい
A：これ、おいしいですか。
B：ええ。
1）
A：[これ、つめたいですか。]
B：ええ。
2）
A：[これ、からいですか。]
B：ええ。
3）
A：[これ、あまいですか。]
B：ええ。
4）
A：[これ、あついですか。]
B：ええ。

4　レストランで ③
p.91 1. K-30
れい
A：こうえんへ　いきませんか。
B：いいですね。
1）
A：[うみへ　いきませんか。]
B：いいですね。
2）
A：[やまへ　いきませんか。]
B：いいですね。
3）
A：[（　　　　）へ　いきませんか。]
B：いいですね。

p.91 2. K-31

①

れい

A：なんで　いきますか。

B：バスで　いきます。

1）

A：[なんで　いきますか。]

B：でんしゃで　いきます。

2）

A：[なんで　いきますか。]

B：くるまで　いきます。

3）

A：[なんで　いきますか。]

B：ひこうきで　いきます。

4）

A：[なんで　いきますか。]

B：バイクで　いきます。

5）

A：[なんで　いきますか。]

B：ちかてつで　いきます。

6）

A：[なんで　いきますか。]

B：ふねで　いきます。

7）

A：[なんで　いきますか。]

B：タクシーで　いきます。

②

れい

A：なんで　いきますか。

B：バスで　いきます。

1）

A：なんで　いきますか。

B：[でんしゃで　いきます。]

2）

A：なんで　いきますか。

B：[くるまで　いきます。]

3）

A：なんで　いきますか。

B：[ひこうきで　いきます。]

4）

A：なんで　いきますか。

B：[バイクで　いきます。]

5）

A：なんで　いきますか。

B：[ちかてつで　いきます。]

6）

A：なんで　いきますか。

B：[ふねで　いきます。]

7）

A：なんで　いきますか。

B：[タクシーで　いきます。]

p.92 3. K-32

①

れい

A：とおいですか。

B：いいえ、とおくないです。

1）

A：[からいですか。]

B：いいえ、からくないです。

2）

A：[たかいですか。]

B：いいえ、たかくないです。

3）

A：[むずかしいですか。]

B：いいえ、むずかしくないです。

②

れい

A：とおいですか。

B：いいえ、とおくないです。

1）

A：からいですか。

B：[いいえ、からくないです。]

2）
A：たかいですか。
B：[いいえ、たかくないです。]
3）
A：むずかしいですか。
B：[いいえ、むずかしくないです。]

5　バスで

p.97 1. K-39

れい
A：にほんごが　じょうずですね。
B：ありがとうございます。
1）
A：[えいごが　じょうずですね。]
B：ありがとうございます。
2）
A：[うたが　じょうずですね。]
B：ありがとうございます。
3）
A：[えが　じょうずですね。]
B：ありがとうございます。
4）
A：[サッカーが　じょうずですね。]
B：ありがとうございます。
5）
A：[りょうりが　じょうずですね。]
B：ありがとうございます。
6）
A：[ピアノが　じょうずですね。]
B：ありがとうございます。

p.98 2. K-40

①
れい
A：きのう、レストランへ　いきましたか。
B：はい、いきました。
1）
A：[きのう、サッカーを　しましたか。]
B：はい、しました。
2）
A：[きのう、りょうりを　しましたか。]
B：いいえ、しませんでした。
3）
A：[きのう、ニュースを　みましたか。]
B：いいえ、みませんでした。
4）
A：[きのう、べんきょうしましたか。]
B：はい、しました。
②
れい
A：きのう、レストランへ　いきましたか。
B：はい、いきました。
A：きのう、レストランへ　いきましたか。
B：いいえ、いきませんでした。
1）
A：きのう、サッカーを　しましたか。
B：[(はい、しました。／
いいえ、しませんでした。)]
2）
A：きのう、りょうりを　しましたか。
B：[(はい、しました。／
いいえ、しませんでした。)]
3）
A：きのう、ニュースを　みましたか。
B：[(はい、みました。／
いいえ、みませんでした。)]
4）
A：きのう、べんきょうしましたか。
B：[(はい、しました。／
いいえ、しませんでした。)]

p.98 3. K-41

①

れい

A：どうやって　べんきょうしましたか。

B：これで　べんきょうしました。

1）

A：[どうやって　べんきょうしましたか。]

B：アニメで　べんきょうしました。

2）

A：[どうやって　べんきょうしましたか。]

B：ドラマで　べんきょうしました。

3）

A：[どうやって　べんきょうしましたか。]

B：インターネットで　べんきょうしました。

4）

A：[どうやって　べんきょうしましたか。]

B：アプリで　べんきょうしました。

②

れい

A：どうやって　べんきょうしましたか。

B：これで　べんきょうしました。

1）

A：どうやって　べんきょうしましたか。

B：[アニメで　べんきょうしました。]

2）

A：どうやって　べんきょうしましたか。

B：[ドラマで　べんきょうしました。]

3）

A：どうやって　べんきょうしましたか。

B：[インターネットで　べんきょうしました。]

4）

A：どうやって　べんきょうしましたか。

B：[アプリで　べんきょうしました。]

6　こうえんで

p.103 1.

いA　いい、おおきい、ちいさい、あたらしい、ふるい、おいしい、からい、あまい、つめたい、あつい、とおい、たかい、むずかしい

なA　しずか、きれい、にぎやか、じょうず

p.103 2.

1）○　2）×　3）×　4）×

p.104 3. K-46

れい

A：きれいな　こうえんですね。

B：ええ。

1）

A：[しずかな　こうえんですね。]

B：ええ。

2）

A：[にぎやかな　こうえんですね。]

B：ええ。

3）

A：[おおきい　こうえんですね。]

B：ええ。

4）

A：[ちいさい　こうえんですね。]

B：ええ。

5）

A：[あたらしい　こうえんですね。]

B：ええ。

6）

A：[ふるい　こうえんですね。]

B：ええ。

p.105 4. K-47

れい

A：あ、カフェが　あります。
あそこで　やすみませんか。
B：そうですね。

1）
A：[あ、ベンチが　あります。
あそこで　やすみませんか。]
B：そうですね。

2）
A：[あ、レストランが　あります。
あそこで　やすみませんか。]
B：そうですね。

3）
A：[あ、みせが　あります。
あそこでやすみませんか。]
B：そうですね。

4）
A：[あ、（　　　　）が　あります。
あそこで　やすみませんか。]
B：そうですね。

7　さとうさんの　うちで ①

p.111 1. K-56

れい

A：さとうさん、おとうとです。
B：はじめまして、さとうです。

1）
A：[さとうさん、ちちです。]
B：はじめまして、さとうです。

2）
A：[さとうさん、ははです。]
B：はじめまして、さとうです。

3）
A：[さとうさん、あにです。]
B：はじめまして、さとうです。

4）
A：[さとうさん、あねです。]
B：はじめまして、さとうです。

5）
A：[さとうさん、いもうとです。]
B：はじめまして、さとうです。

p.112 2. K-57

①

れい

A：こいびとですか。
B：いいえ、こいびとじゃ　ありません。
いもうと／おとうとです。

1）
A：[こいびとですか。]
B：いいえ、こいびとじゃ　ありません。
あね／あにです。

2）
A：[こいびとですか。]
B：いいえ、こいびとじゃ　ありません。
はは／ちちです。

3）
A：[こいびとですか。]
B：いいえ、こいびとじゃ　ありません。
ともだちです。

②

れい

A：こいびとですか。
B：いいえ、こいびとじゃ　ありません。
いもうと／おとうとです。

1）
A：こいびとですか。
B：[いいえ、こいびとじゃ　ありません。
あね／あにです。]

2）
A：こいびとですか。
B：[いいえ、こいびとじゃ　ありません。
はは／ちちです。]

3）
A：こいびとですか。
B：[いいえ、こいびとじゃ　ありません。
ともだちです。]

p.113 3. K-58

れい

A：さとうさん、おちゃ、どうぞ。
B：ありがとうございます。いただきます。
1）
A：[さとうさん、コーヒー、どうぞ。]
B：ありがとうございます。いただきます。
2）
A：[さとうさん、こうちゃ、どうぞ。]
B：ありがとうございます。いただきます。
3）
A：[さとうさん、おかし、どうぞ。]
B：ありがとうございます。いただきます。
4）
A：[さとうさん、(　　　　　)、どうぞ。]
B：ありがとうございます。いただきます。

8　さとうさんの　うちで②

p.121 1. K-66

①

れい

A：にちようび、なにを　しますか。
B：にほんごを　べんきょうします。
1）
A：[にちようび、なにを　しますか。]
B：レポートを　かきます。
2）
A：[にちようび、なにを　しますか。]
B：えいがを　みます。
3）
A：[にちようび、なにを　しますか。]
B：ざっしを　よみます。
4）
A：[にちようび、なにを　しますか。]
B：テニスを　します。
5）
A：[にちようび、なにを　しますか。]
B：ゲームを　します。
6）
A：[にちようび、なにを　しますか。]
B：ケーキを　つくります。
7）
A：[にちようび、なにを　しますか。]
B：アルバイトを　します。
8）
A：[にちようび、なにを　しますか。]
B：おんがくを　ききます。

②

れい

A：にちようび、なにを　しますか。
B：にほんごを　べんきょうします。
1）
A：にちようび、なにを　しますか。
B：[レポートを　かきます。]
2）
A：にちようび、なにを　しますか。
B：[えいがを　みます。]
3）
A：にちようび、なにを　しますか。
B：[ざっしを　よみます。]
4）
A：にちようび、なにを　しますか。
B：[テニスを　します。]
5）
A：にちようび、なにを　しますか。
B：[ゲームを　します。]
6）
A：にちようび、なにを　しますか。
B：[ケーキを　つくります。]

7）
A：にちようび、なにを　しますか。
B：[アルバイトを　します。]
8）
A：にちようび、なにを　しますか。
B：[おんがくを　ききます。]

p.122 2. K-67

①

れい

A：マンガが　すきですか。
B：はい。
1）
A：[おんがくが　すきですか。]
B：はい。
2）
A：[えいがが　すきですか。]
B：うーん、あまり……。
3）
A：[ほんが　すきですか。]
B：はい。
4）
A：[スポーツが　すきですか。]
B：うーん、あまり……。
5）
A：[すしが　すきですか。]
B：うーん、あまり……。
6）
A：[にほんごが　すきですか。]
B：うーん、あまり……。

②

れい

A：マンガが　すきですか。
B：はい。
A：マンガが　すきですか。
B：うーん、あまり……。
1）
A：おんがくが　すきですか。
B：[(はい。／うーん、あまり……。)]
2）
A：えいがが　すきですか。
B：[(はい。／うーん、あまり……。)]
3）
A：ほんが　すきですか。
B：[(はい。／うーん、あまり……。)]
4）
A：スポーツが　すきですか。
B：[(はい。／うーん、あまり……。)]
5）
A：すしが　すきですか。
B：[(はい。／うーん、あまり……。)]
6）
A：にほんごが　すきですか。
B：[(はい。／うーん、あまり……。)]

p.123 3. K-68

①

れい

A：ひこうきは　なんじですか。
B：ごぜん　じゅういちじです。
1）
A：[ひこうきは　なんじですか。]
B：ごぜん　しちじです。
2）
A：[ひこうきは　なんじですか。]
B：ごご　さんじです。

②

れい

A：ひこうきは　なんじですか。
B：ごぜん　じゅういちじです。
1）
A：ひこうきは　なんじですか。
B：[ごぜん　しちじです。]

2）
A：ひこうきは　なんじですか。
B：[ごご　さんじです。]
3）
A：ひこうきは　なんじですか。
B：[(　　　　　)です。]

9　タクシーで

p.131 1. K-76

①

れい
A：くうこうまで　いくらですか。
B：3,000えんくらいです。
1）
A：[えきまで　いくらですか。]
B：1,000えんくらいです。
2）
A：[デパートまで　いくらですか。]
B：1,500えんくらいです。
3）
A：[こうえんまで　いくらですか。]
B：700えんくらいです。

②

れい
A：くうこうまで　いくらですか。
B：3,000えんくらいです。
1）
A：えきまで　いくらですか。
B：[1,000えんくらいです。]
2）
A：デパートまで　いくらですか。
B：[1,500えんくらいです。]
3）
A：こうえんまで　いくらですか。
B：[700えんくらいです。]

p.132 2. K-77

①

れい
A：チェックインは　なんじからですか。
B：9じからです。
1）
A：[ぎんこうは　なんじからですか。]
B：9じからです。
2）
A：[デパートは　なんじからですか。]
B：10じからです。
3）
A：[レストランは　なんじからですか。]
B：11じからです。
4）
A：[びじゅつかんは　なんじからですか。]
B：9じからです。
5）
A：[としょかんは　なんじからですか。]
B：9じからです。
6）
A：[だいがくは　なんじからですか。]
B：8じからです。

②

れい
A：チェックインは　なんじからですか。
B：9じからです。
1）
A：ぎんこうは　なんじからですか。
B：[(　　　　　)からです。]
2）
A：デパートは　なんじからですか。
B：[(　　　　　)からです。]
3）
A：レストランは　なんじからですか。
B：[(　　　　　)からです。]

4）
A：びじゅつかんは　なんじからですか。
B：[(　　　　　)からです。]
5）
A：としょかんは　なんじからですか。
B：[(　　　　　)からです。]
6）
A：だいがくは　なんじからですか。
B：[(　　　　　)からです。]

p.133 3. K-78

①

れい

A：おみやげは　なにが　いいですか。
B：おかしが　いいですよ。
1）
A：[りょうりは　なにが　いいですか。]
B：カレーが　いいですよ。
2）
A：[ホテルは　どこが　いいですか。]
B：ＡＢＫホテルが　いいですよ。
3）
A：[レストランは　どこが　いいですか。]
B：レストランアスクが　いいですよ。

②

れい

A：おみやげは　なにが　いいですか。
B：おかしが　いいですよ。
1）
A：りょうりは　なにが　いいですか。
B：[(　　　　　)が　いいですよ。]
2）
A：ホテルは　どこが　いいですか。
B：[(　　　　　)が　いいですよ。]
3）
A：レストランは　どこが　いいですか。
B：[(　　　　　)が　いいですよ。]

かいわ　やく／ぶんぽう・ひょうげんのかいせつ

1　くうこうで

ハイ　：**あのう**①。さとう**さん**②**です**③**か**④⑤。
さとう：**はい**⑥。
ハイ　：ベトナムだいがく**の**⑦　ハイです。
　　　　よろしく　おねがいします⑧。
さとう：よろしく　おねがいします。
　　　　にほん**は**⑨　はじめてですか。
ハイ　：はい。
・・・・・・・・・・
ハイ　：さとうさん、りょうがえじょは　**どこですか**⑩。
さとう：**あそこ**⑪です。

①	**あのう。**	何か言いたいことがあるときの呼びかけの表現。
②	さとう**さん**ですか。	相手の名前には「さん」をつける。自分の名前につけてはいけない。
③	さとうさん**です**か。 **N** です。	名詞の文は最後に「です」をつける。
④	さとうさんです**か**。 **N** です＋か。	質問の文は文末に「か」をつける。
⑤	さとうさんですか。	相手の名前を聞くとき、普通「あなたは～さんですか」と聞かない。
⑥	**はい。**	質問に答えるとき、相手の質問が正しければ、「はい」と言う。
⑦	ベトナムだいがく**の** ハイです。 **N** の **N**	前の名詞が後ろの名詞を説明するとき、「ベトナムだいがくの　ハイ」のように、名詞と名詞の間に「の」を入れる。
⑧	**よろしく　おねがいします。**	お世話になる人に会ったときに言う。
⑨	にほん**は**　はじめてですか。	トピックの後ろには「は」をつける。「は」と書いて、「わ」と読む。
⑩	**どこですか。**	場所を聞くときは「どこですか」を使う。
⑪	**あそこ**です。	「ここ・そこ・あそこ」は場所を表す。「ここ」は自分に近いところ、「そこ」は聞き手に近いところ、「あそこ」は２人から遠いところを表す。２人が同じ場所にいるときは「ここ」と言う。

해석 / 문법 · 표현 해설

1 공항에서

	하이 : 실례합니다. 사토 씨입니까? 사토 : 네. 하이 : 베트남 대학에서 온 하이입니다. 잘 부탁드리겠습니다. 사토 : 잘 부탁드립니다. 일본은 처음입니까? 하이 : 네. ・・・・・・・・・・ 하이 : 사토 씨, 환전소는 어디입니까? 사토 : 저곳입니다.
	무언가 하고 싶은 말이 있을 때 부르는 표현이다.
	상대방의 이름에는 「さん」을 붙인다. 자신의 이름에는 붙이지 않는다.
	명사문은 명사 뒤에 「です」를 붙인다.
	의문문은 문장 끝에 「か」를 붙인다.
	상대방의 이름을 물을 때, 대개 「あなたは～さんですか(당신은 ～씨입니까?)」라고 묻지 않는다.
	질문에 대답을 할 때, 상대방의 질문이 맞는다면 「はい(네)」라고 말한다.
	앞의 명사가 뒤의 명사를 설명할 경우, 「ベトナムだいがくの ハイ(베트남 대학에서 온 하이)」와 같이, 명사와 명사 사이에 조사 「の」를 넣는다.
	신세를 지게 될 사람을 만났을 때 쓴다.
	화젯거리 뒤에는 조사 「は」를 붙인다. 「は」라고 쓰고 「わ」라고 읽는다.
	장소를 물을 땐 「どこですか(어디입니까?)」라고 한다.
	「ここ・そこ・あそこ」는 장소를 나타낸다. 「ここ(여기)」는 자신과 가까운 곳, 「そこ(거기)」는 상대방과 가까운 곳, 「あそこ(저기)」는 양쪽 모두로부터 먼 곳을 나타낸다. 두 사람이 같은 장소에 있을 땐 「ここ(여기)」라고 말한다.

2　レストランで①

ウエイター：あ、ベトナム**じん**①ですか。
ハイ　　　：はい。**え？**②
　　　　　　ベトナム**ご**③、わかり**ます**④**か**⑤。
ウエイター：はい、すこし。
　　　　　　こちらへ　どうぞ。⑥
・・・・・・・・・・
さとう　　：**すみません。**⑦ メニュー、**おねがいします。**⑧
ウエイター：**はい。**⑨ メニューです。
さとう　　：ハイさんは　**なに**⑩**を**⑪　たべますか。
ハイ　　　：**うーん。**⑫

①	ベトナム**じん**ですか。	国籍を聞くときは、国の名前に「じん」をつける。
②	**え？**	驚いたときに言う。
③	ベトナム**ご**、わかりますか。	英語以外の言語について話すときは、国の名前に「ご」をつける。
④	ベトナムご、わかり**ます**か。 **Ⓥ ます。**	動詞の文は「～ます」の形になる。
⑤	ベトナムご、わかります**か**。 **Ⓥ ます＋か。** **→はい、Ⓥ ます。** **→いいえ、Ⓥ ません。**	動詞を使った質問のときにも、最後に「か」をつける。 答えるときは、「はい、～ます」か、「いいえ、～ません」と言う。
⑥	**こちらへ　どうぞ。**	誰かを場所まで案内するときに言う。
⑦	**すみません。**	依頼したいことなどがあるときの呼びかけの表現。
⑧	**おねがいします。**	依頼するときの表現。
⑨	**はい。**	頼まれたことに応じるときも「はい」を使う。
⑩	**なに**を　たべますか。	物を聞くときは「なに」を使う。
⑪	なに**を**　たべますか。 **［もの］＋を＋Ⓥ ます。**	「すしを　たべます」「みずを　のみます」のように、 動詞の文では物の後ろに「を」をつける。
⑫	**うーん。**	何か考えているときの表現。

2 레스토랑에서①

	웨이터 : 아, 베트남 사람입니까? 하이 : 네. 어? 베트남어를 할 줄 아시나요? 웨이터 : 네, 조금요. 이쪽으로 오십시오. ・ ・ ・ ・ ・ ・ ・ ・ ・ ・ ・ 사토 : 저기요. 메뉴판 좀 부탁드리겠습니다. 웨이터 : 네. 여기 메뉴판입니다. 사토 : 하이 씨는 무엇을 먹습니까? 하이 : 으음….
	국적을 물을 땐 나라 명칭 뒤「じん」을 붙인다.
	놀랐을 때 쓰는 표현이다.
	영어 이외의 다른 언어를 말할 땐, 국가명 뒤에「ご」를 붙인다.
	동사문은「～ます(～합니다)」형태가 된다.
	동사를 사용한 질문을 할 때에도 문장 끝에「か」를 붙인다. 대답을 할 땐「はい、～ます(네, ～합니다)」혹은「いいえ、～ません(아니요, ～하지 않습니다)」으로 답한다.
	상대방을 어떤 장소까지 안내할 때 쓰는 표현이다.
	부탁이나 요청하고 싶은 것이 있을 때 상대방을 부르는 표현이다.
	부탁이나 요청할 때 쓰는 표현이다.
	부탁받은 일에 응할 때도「はい(네)」를 쓴다.
	무언가를 물을 땐「なに(무엇)」를 쓴다.
	「すしを　たべます(스시를 먹습니다)」「みずを　のみます(물을 마십니다)」와 같이, 동사문에서는 사물 뒤에 조사「を」를 붙인다.
	무언가를 고민하거나 생각 중일 때 쓰는 표현이다.

3　レストランで②

ハイ　：**これ**①は　カレーですか。
さとう：**はい、そうです。**②
ハイ　：**これは　なんですか。**③
さとう：すしです。
ハイ　：おいしい**です**④**か。**⑤
さとう：**ええ。**⑥

①	**これ**	「これ・それ・あれ」は物を表す。 「これ」は自分に近いところにあるもの、 「それ」は聞き手に近いところにあるもの、 「あれ」は2人から遠いところにあるものを表す。 2人から近いところにあるものは「これ」と言う。

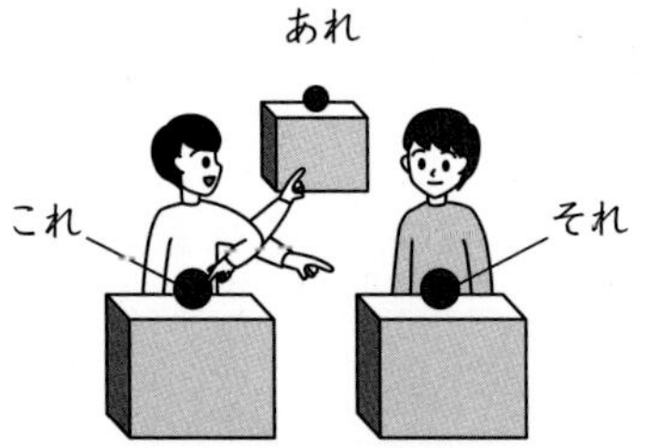

②	**はい、そうです。**	相手の質問が正しいときは「はい、そうです」と言う。 違うときは「いいえ、ちがいます」と言う。
③	**これは　なんですか。**	見てもなんだかわからないときや物の名前がわからないときに質問する表現。
④	おいしい**です**か。 **A** ＋**です**	形容詞の文も最後に「です」をつける。
⑤	おいしいです**か。** **A** です＋**か**	形容詞を使った質問文も最後に「か」をつける。
⑥	**ええ。**	質問に答えるとき、「はい」と同じ意味で「ええ」と言ってもいい。

4　レストランで③

さとう：ハイさん、こうえん**へ**①　いき**ませんか。**②
ハイ　：**いいですね。**③なん**で**④　いきますか。
さとう：バスで　いきます。
ハイ　：とおいですか。
さとう：**いいえ**⑤、とお**くないです。**⑥

3 레스토랑에서②

하이 : 이것은 카레입니까?

사토 : 네, 맞습니다.

하이 : 이것은 무엇입니까?

사토 : 스시입니다.

하이 : 맛있습니까?

사토 : 네.

「これ·それ·あれ」는 사물을 가리키는 표현이다.
「これ(이것)」는 자신과 가까운 곳에 있는 것,
「それ(그것)」는 상대방과 가까운 곳에 있는 것,
「あれ(저것)」는 두 사람 모두로부터 먼 곳에 있는 것을 나타낸다.
두 사람 모두에게 가까운 곳에 있을 땐 「これ(이것)」라고 말한다.

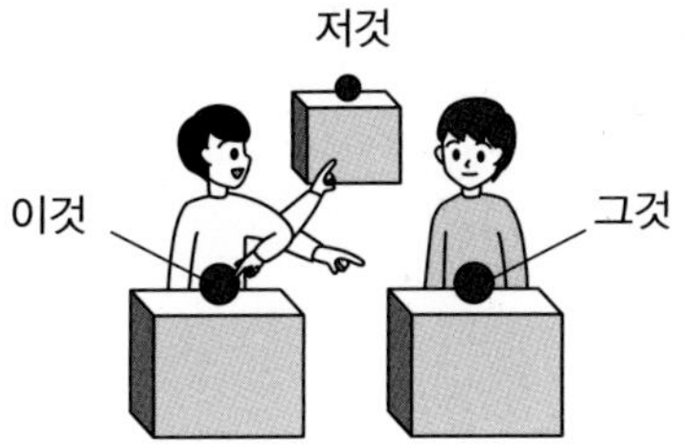

상대방의 질문이 맞을 경우 「はい、そうです(네, 맞습니다)」라고 답한다.
그렇지 않을 경우에는 「いいえ、ちがいます(아니요, 아닙니다)」라고 답한다.

겉보기에 잘 알 수 없을 때나 물건의 명칭을 알 수 없을 때에 용도 따위를 묻는 표현이다.

형용사문에서도 형용사 뒤에 「です」를 붙인다.

형용사를 사용한 의문문도 문장 끝에 「か」를 붙인다.

질문에 대답할 때 「はい(네)」와 같은 의미로 「ええ」라고 말할 수 있다.

4 레스토랑에서③

사토 : 하이 씨, 공원에 가지 않겠습니까?

하이 : 좋습니다. 무엇으로 갑니까?

사토 : 버스로 갑니다.

하이 : 멉니까?

사토 : 아니요. 멀지 않습니다.

①	こうえん**へ**　いきませんか。	「だいがくへ　いきます」のように、どこかへ行くとき、 場所の後ろに「へ」をつける。「へ」と書いて「え」と読む。
②	こうえんへ　いき**ませんか。**	相手を誘うときの表現。
③	**いいですね。**	誘いに応じるときの表現。
④	なん**で**　いきますか。	「バスで　いきます」のように、交通手段の後ろに「で」をつける。
⑤	**いいえ**	相手の質問に対して否定するときは「いいえ」と言う。
⑥	とお**くないです。** **いA　〜~~い~~＋くないです**	言葉の最後が「い」になる形容詞を、い形容詞（**いA**）と言う。 **いA** の否定は「〜~~い~~くないです」になる。

5　バスで

さとう：ハイさん、にほんご**が**① じょうずです**ね**②。
ハイ　：**ありがとうございます**③。
さとう：**どうやって**④　べんきょうし**ました**⑤か。
ハイ　：これ**で**⑥　べんきょうしました。

①	にほんご**が**　じょうずですね。 **[もの]＋が＋じょうずです。**	「じょうずです」のときは、「を」ではなく「が」を使う。
②	にほんごが　じょうずです**ね。**	自分の感想を話すときは文の後ろに「ね」をつける。 相手に同意を求める気持ちが加わることもある。
③	**ありがとうございます。**	「じょうずですね」「いいですね」などと褒められたときは、 「ありがとうございます」と答える。
④	**どうやって**　べんきょうしましたか。	手段を聞くときは「どうやって」を使う。
⑤	どうやって　べんきょうし**ましたか**。	過去の動作は「〜ました」で表す。否定は「〜ませんでした」と言う。

	肯定	否定
現在	**V** ます	**V** ません
過去	**V** ました	**V** ませんでした

⑥	これ**で**　べんきょうしました。	「インターネットで　べんきょうしました。」のように、 手段を表すときは後ろに「で」をつける。

「だいがくへ　いきます(대학교에 갑니다)」와 같이 어딘가에 갈 때 장소 뒤에 조사 「へ」를 붙인다.
「へ」로 쓰고 「え」라고 읽는다.

상대방에게 권유할 때 쓰는 표현이다.

권유에 응할 때 쓰는 표현이다.

「バスで　いきます(버스로 갑니다)」와 같이 교통수단을 나타내는 단어 뒤에 조사 「で」를 붙인다.

상대방의 질문에 대해 부정할 때에는 「いいえ(아니요)」라고 말한다.

단어의 마지막이 「い」로 끝나는 형용사를 い형용사라고 한다.
い형용사의 부정형은 「～~~い~~くないです」가 된다.

5 버스에서

사토 : 하이 씨, 일본어를 잘하시네요.

하이 : 감사합니다.

사토 : 어떻게 공부했습니까?

하이 : 이걸로 공부했습니다.

「じょうずです(능숙합니다)」를 말할 땐 조사 「を」가 아닌 「が」를 사용한다.

자신의 감상을 말할 때 문장 끝에 「ね」를 붙인다.
상대방에게 동의를 구하는 마음이 포함될 때도 있다.

「じょうずですね(능숙하네요)」 「いいですね(좋네요)」 등과 같이 칭찬받았을 땐, 「ありがとうございます(감사합니다)」라고 답한다.

수단을 물을 땐 「どうやって(어떻게)」를 쓴다.

과거의 동작은 「～ました(～했습니다)」로 나타낸다. 부정문은 「～ませんでした(～하지 않았습니다)」로 말한다.

	긍정	부정
현재	V ます	V ません
과거	V ました	V ませんでした

「インタネットで　べんきょうしました(인터넷으로 공부했습니다)」와 같이, 수단을 나타낼 때는 단어 뒤에 조사 「で」를 붙인다.

6　こうえんで

さとう：きれいな①　こうえんですね。
ハイ　：ええ。②
・・・・・・・・・・
ハイ　：つかれましたね。
さとう：ええ。あ③、カフェが④　あります。
　　　　あそこで⑤　やすみませんか。
ハイ　：そうですね。⑥

①	きれいな　こうえんですね。 いA ＋ N なA ＋ な ＋ N	「おおきい・たかい」などのように言葉の後ろに「い」がつく形容詞を「い形容詞」（いA）と言う。どんな公園か言うとき、いAは「おおきい　こうえん」のようにそのまま後ろに名詞を続けて言う。 「しずか」のように言葉の後ろに「い」がつかない形容詞は、どんな公園か言うとき、「しずかな　こうえん」のように形容詞と名詞の間に「な」を入れるので、「な形容詞」なAと言われる。（「きれい」は、な形容詞）
②	ええ。	「～ですね」と言われて、その意見に同意したり、感想に共感したりするときは「ええ」と答える。
③	あ、	何かに気が付いたときに言う表現。
④	カフェが　あります。	「あります」のときは物の後ろに「を」ではなく「が」をつける。
⑤	あそこで　やすみませんか。	動作の場所は場所の言葉の後ろに「で」をつける。
⑥	そうですね。	自分もそう思ったときに言う表現。

7　さとうさんの　うちで①

ハイ　：こんにちは。①
さとう：ハイさん、おとうとです。
ハイ　：はじめまして②、ハイです。
　　　　おとうとさんも③　だいがくせいですか。
さとう：いいえ、だいがくせいじゃ　ありません。④
　　　　こうこうせいです。
・・・・・・・・・・
さとう：ハイさん、おちゃ、どうぞ。⑤
ハイ　：ありがとうございます。⑥いただきます。⑦

①	こんにちは。	昼、人に会ったときのあいさつの表現。

6 공원에서

사토 : 예쁜 공원이네요.

하이 : 네, 그렇네요.

・・・・・・・・・・・

하이 : 지쳤어요.

사토 : 그러게요. 아, 카페가 있습니다.
저곳에서 쉬지 않겠습니까?

하이 : 좋습니다.

「おおきい(크다)・たかい(높다)」와 같이 「い」로 끝나는 형용사를 い형용사라고 한다.
어떤 공원인지 말할 때, 「おおきい　こうえん(큰 공원)」과 같이 い형용사는 그대로 명사를 붙여 말한다.
「しずか」와 같이 い로 끝나지 않는 형용사는 「しずかな　こうえん(조용한 공원)」처럼, 형용사와 명사 사이에 「な」가 들어가기 때문에 な형용사라고 말한다. (「きれい」는 な형용사이다.)

「〜ですね(〜이네요)」라고 들었을 때 그 의견에 동의하거나 공감한다면 「ええ(네)」라고 답한다.

무언가를 깨닫거나 알아차렸을 때 쓰는 표현이다.

「あります(있습니다)」를 말할 땐 조사 「を」가 아닌 「が」를 사용한다.

동작이 발생하는 장소 뒤에는 조사 「で」를 붙인다.

상대방의 의견에 동의나 공감할 때 사용하는 표현이다.

7 사토 씨의 집에서①

하이 : 안녕하세요.

사토 : 하이 씨, 제 남동생입니다.

하이 : 처음 뵙겠습니다, 하이입니다.
남동생 분도 대학생입니까?

사토 : 아니요, 대학생이 아닙니다.
고등학생입니다.

・・・・・・・・・・・

사토 : 하이 씨, 차 드세요.

하이 : 감사합니다. 잘 먹겠습니다.

낮에 쓰는 인사 표현이다.

②	**はじめまして**	初めて人に会ったときのあいさつの表現。
③	おとうとさん**も**　だいがくせいですか。	「ハイさんは　だいがくせいです。おとうとさんも　だいがくせいです。」のように、同じだというときは「も」を使う。
④	だいがくせい**じゃ　ありません。** **なA** **N**]**＋じゃ ありません**	名詞・な形容詞の否定形は「〜じゃ　ありません」を使う。
⑤	**どうぞ。**	何かを勧めるときに言う表現。
⑥	**ありがとうございます。**	相手の配慮に感謝するときに言う。
⑦	**いただきます。**	食事など、何かを食べる前に言うあいさつの表現。

8　さとうさんの　うちで②

さとう：ハイさん、にちようび、**なにを　しますか①。**

ハイ　：アニメを　みます。

さとう：にほんの　アニメ**が②　すきですか③。**

ハイ　：はい。

さとう：わたしも　すきです。

・・・・・・・・・・

ハイ　：**きょうは　ありがとうございました④。**

さとう：ひこうきは　**なんじですか⑤。**

ハイ　：ごぜん１１じです。

さとう：じゃ、**また　あした⑥。**

①	**なにを　しますか。**	相手の行動を聞くときの表現。答えは「〜へ　いきます」「〜を　つくります」など、自分のすることを自由に答える。
②	にほんの　アニメ**が**　すきですか。 **[もの]＋が＋すきです。**	「すきです」のときは、「を」ではなく「が」を使う。
③	にほんの　アニメが　**すきですか。**	「すきですか」と聞かれたときの否定の答え方は、「うーん、あまり……」。「いいえ、すきじゃ　ありません」とはっきり答えると、強すぎて失礼になることがある。
④	**きょうは　ありがとうございました。**	別れ際に言うお礼の表現。
⑤	**なんじですか。**	時間を聞くときは「なんじ」を使う。
⑥	**また　あした。**	明日また会うことがわかっているときに、別れ際に言うあいさつの言葉。

	처음 만난 사람에게 쓰는 인사 표현이다.
	「ハイさんは　だいがくせいです。おとうとさんも　だいがくせいです。(하이 씨는 대학생입니다. 남동생도 대학생입니다.)」처럼 같거나 동일함을 나타낼 땐 조사「も」를 쓴다.
	명사・な형용사의 부정형은「～じゃ　ありません(～이 아닙니다)」이다.
	무언가를 권할 때 쓰는 표현이다.
	상대방의 배려에 감사를 나타내는 말이다.
	식사 등 음식을 먹기 전 건네는 인사 표현이다.

8　사토 씨의 집에서②

	사토 : 하이 씨, 일요일에 무엇을 합니까? 하이 : 애니메이션을 봅니다. 사토 : 일본 애니메이션을 좋아합니까? 하이 : 네. 하이 : 저도 좋아합니다. ・・・・・・・・・・ 하이 : 오늘은 감사했습니다. 사토 : 비행기는 몇 시입니까? 하이 : 오전 11시입니다. 사토 : 그럼 내일 뵙겠습니다.
	상대방의 행동을 물을 때 쓰는 표현이다. 대답은「～へ　いきます(～에 갑니다)」「～を　つくります(～을 만듭니다)」등 무엇을 할지에 대해 자유롭게 말한다.
	「すきです(좋아합니다)」를 말할 땐 조사「を」가 아닌「が」를 사용한다.
	「すきですか(좋아합니까?)」의 질문에 부정하는 대답을 할 땐「うーん、あまり……(으음, 그다지…)」라고 답한다.「いいえ、すきじゃ　ありません(아니요, 좋아하지 않습니다)」라고 직설적으로 답하면 다소 강한 어투로 상대방에게 실례가 될 수 있다.
	헤어질 때 쓰는 감사 인사 표현이다.
	시간을 물을 땐「なんじ(몇 시)」를 쓴다.
	내일 다시 만날 것을 알고 있을 때 건네는 헤어짐의 인사 표현이다.

9　タクシーで

ハイ　：さとうさん、くうこう**まで**① **いくらですか**②。
さとう：3,000 えん**くらい**③です。
・・・・・・・・・・・
さとう：チェックインは　なんじ**から**④ですか。
ハイ　：9：00 からです。
・・・・・・・・・・・
さとう：ハイさん、おみやげを　かいますか。
ハイ　：はい。にほんの　おみやげは　なに**が　いいですか**⑤。
さとう：おかしが　いいです**よ**⑥。
ハイ　：**そうですか**⑦。
・・・・・・・・・・・
ハイ　：さとうさん、いろいろ　ありがとうございました。
さとう：**いいえ**⑧。**また　きて　くださいね**⑨。

①	くうこう**まで**　いくらですか。	「くうこうまで　いきます」「5 じまで　べんきょうします」の ように場所や時間の終わりのところを表すときは「まで」を使う。
②	くうこうまで　**いくらですか。**	値段を聞くときは「いくらですか」を使う。
③	3,000 えん**くらい**です。	大体の数を表すときは、数の後ろに「くらい」をつける。「ぐらい」と言う人もいる。
④	チェックインは　なんじ**から**ですか。	「ホテルから　くうこうまで　3,000 えんです」「チェックインは　6 じからです」のように場所や時間の始まりのところを表すときは「から」を使う。
⑤	なに**が　いいですか。**	相手の意見を聞くとき、「どこ・いつ・なんじ」などの聞きたいことの後ろに「～がいいですか」とつけて聞く。
⑥	おかしが　いいです**よ。**	自分が知っている情報を相手に伝えるときは文の最後に「よ」をつける。
⑦	**そうですか。**	相手が言うことがわかったときの表現。
⑧	**いいえ。**	お礼を言われて、「気にしないでください」と言いたいときにも「いいえ」と言う。
⑨	**また　きて　くださいね。**	お客さんが帰るときに言うあいさつの表現。

9 택시로

	하이 : 사토 씨, 공항까지 얼마입니까? 사토 : 3,000엔 정도입니다. ・・・・・・・・・・・ 사토 : 체크인은 몇 시부터입니까? 하이 : 9:00부터입니다. ・・・・・・・・・・・ 사토 : 하이 씨, 기념품을 살 거예요? 하이 : 네. 일본 기념품은 무엇이 좋습니까? 사토 : 과자가 좋아요. 하이 : 그렇습니까? ・・・・・・・・・・・ 하이 : 사토 씨, 여러 가지 감사했습니다. 사토 : 아니에요. 또 와 주세요.
	「くうこうまで　いきます(공항까지 갑니다)」「5じまで　べんきょうします(5시까지 공부합니다)」와 같이 장소나 시간의 마지막 지점을 나타낼 때 「まで(까지)」를 쓴다.
	가격을 물을 땐 「いくらですか(얼마입니까?)」라고 한다.
	대략적인 수량을 나타낼 때 숫자 뒤에 「くらい(정도)」를 붙인다. 「ぐらい」라고 말하는 사람들도 있다.
	「ホテルから　くうこうまで　3,000円です(호텔에서 공항까지 3,000엔입니다)」「チェックインは　6じからです(체크인은 6시부터입니다)」와 같이 장소나 시간의 시작 지점을 나타낼 땐 「から」를 사용한다.
	상대방의 의견을 물을 때, 「どこ(어디)・いつ(언제)・なんじ(몇 시)」 등 묻고자 하는 말의 뒷부분에 「～がいいですか(～이 좋습니까?)」를 붙여 말한다.
	자신이 알고 있는 정보를 상대방에게 전할 땐 문장 끝에 「よ」를 붙인다.
	상대방이 말한 것을 이해했을 때 쓰는 표현이다.
	감사 인사를 듣고 「気にしないでください(개의치 마세요)」라고 말하고 싶을 때에도 「いいえ(아니에요)」라고 말한다.
	손님이 집으로 돌아갈 때 쓰는 인사 표현이다.

れんしゅうシート

히라가나, 가타카나

연습 시트

1) い

2) え

3) あい

4) いえ

5) うえ

6) いう

7) おい

8) あう

9) あお

10) いいえ

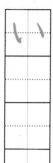

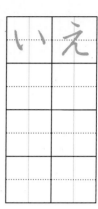

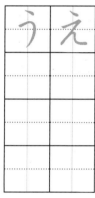

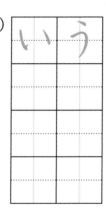

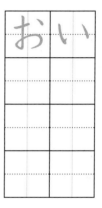

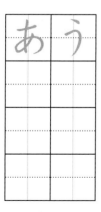

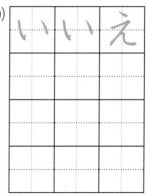

p.19 きほんの ひらがな 2

1) いけ

2) こい

3) かお

4) かき

5) えき

6) かい

7) かく

8) あき

9) こえ

10) きかい

1) かさ

2) すし

3) あせ

4) うし

5) しお

6) そこ

7) すき

8) しか

9) すいか

10) せかい

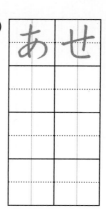

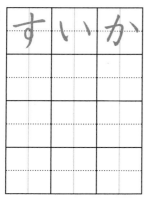

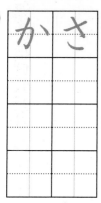

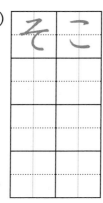

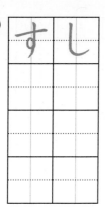

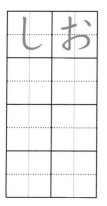

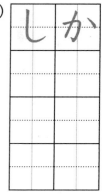

p.21 ## きほんの ひらがな 4

1) て

2) つき

3) くち

4) おと

5) そと

6) たつ

7) たいこ

8) つくえ

9) おとこ

10) ちかてつ

1) いぬ

2) ねこ

3) にく

4) ぬの

5) なつ

6) きつね

7) さかな

8) きのこ

9) おかね

10) にかい

きほんの ひらがな 6

1) はな

2) ふえ

3) はこ

4) ふね

5) ほし

6) ひと

7) へそ

8) ほね

9) ふく

10) ひなた

1) うま

2) むし

3) かめ

4) こま

5) みみ

6) あめ

7) くも

8) にもつ

9) はさみ

10) むすめ

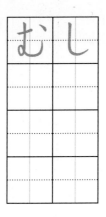

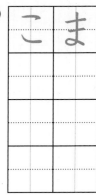

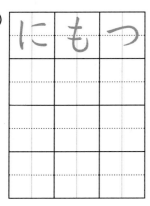

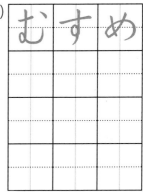

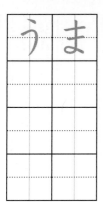

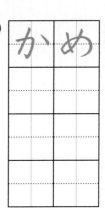

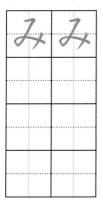

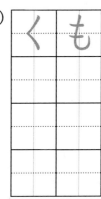

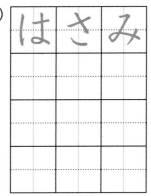

1) やま

2) よむ

3) ゆめ

4) やね

5) ゆき

6) ふゆ

7) おゆ

8) よこ

9) やすむ

10) ゆかた

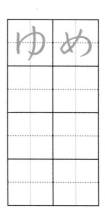

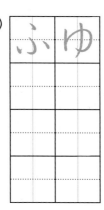

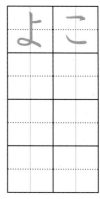

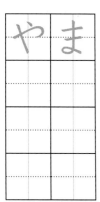

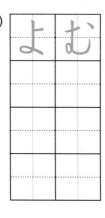

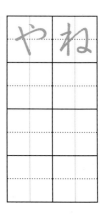

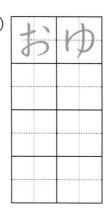

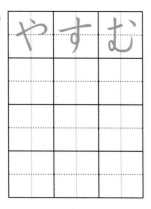

1) さる

2) くり

3) はれ

4) そら

5) みる

6) これ

7) しろ

8) りか

9) さくら

10) ふくろ

p.27 きほんの ひらがな 10

1) かわ

2) わに

3) わたし

4) わらう

5) わすれる

p.29 きほんの ひらがな 12 -1

1) ほん

2) せん

3) てんき

4) みかん

5) しけん

6) けんか

7) みんな

8) かんたん

9) しんせつ

10) せんもん

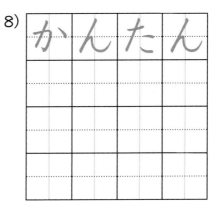

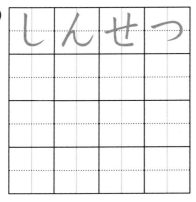

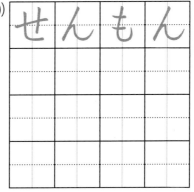

1) みず

2) かばん

3) でんわ

4) めがね

5) たべる

6) かんじ

7) かぞく

8) ごぜん

9) げんき

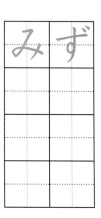

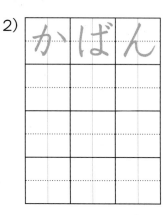

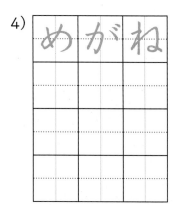

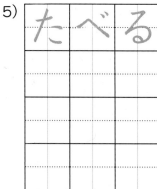

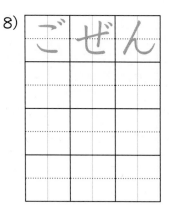

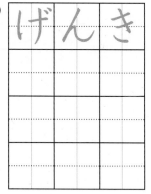

10) しんぶん

11) おみやげ

12) ともだち

13) えんぴつ

14) にほんご

15) せんぱい

1) にっき

2) きって

3) きっぷ

4) ざっし

5) おっと

6) みっか

7) にっし

8) けっか

9) せっけん

10) けっこん

11) しっぱい

12) いっぽん

13) けっせき

14) あさって

15) きっさてん

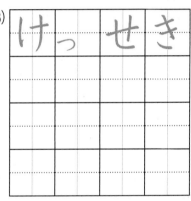

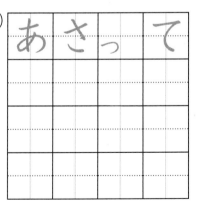

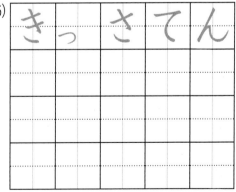

1) くうき

2) すうじ

3) せんぷうき

4) おかあさん

5) おばあさん

6) おじいさん

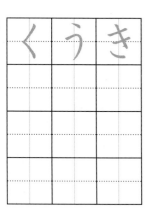

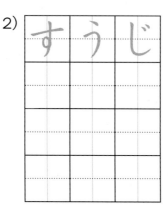

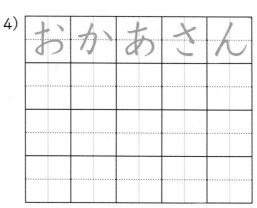

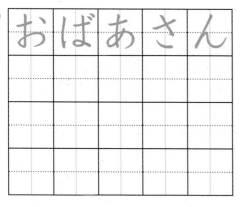

7) おにいさん

8) れい

9) えいが

10) きれい

11) がくせい

12) ぼうし

13) ひこうき

14) いもうと

15) ごうかく

16) おとうさん

1) おちゃ

2) じしょ

3) ひゃく

4) きょく

5) きしゃ

6) きゃく

7) しゃしん

8) めんきょ

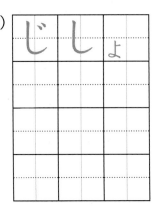

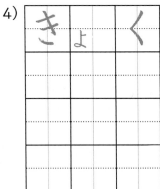

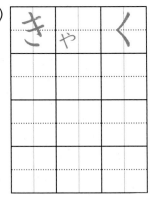

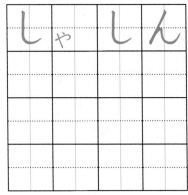

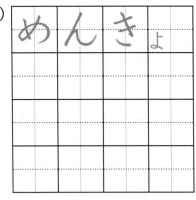

9) しょくじ

10) しゅじん

11) りょこう

12) しょくどう

13) はっぴゃく

14) しゅくだい

15) びじゅつかん

1) きょう

2) こしょう

3) しゅうり

4) びょういん

5) じゅぎょう

6) きゅうけい

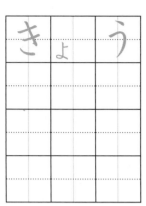

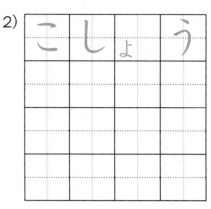

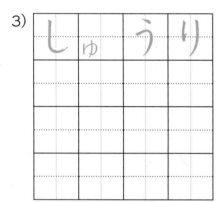

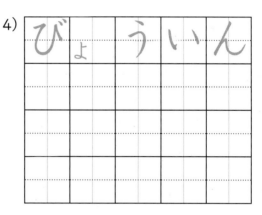

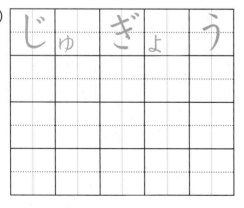

7) こうじょう

8) りょうしん

9) れんしゅう

10) りゅうがく

11) ぎゅうにゅう

12) ちゅうごくご

p.44 きほんの カタカナ 1

1) アイス

2) ソース

3) スキー

4) ケーキ

5) コース

p.46 きほんの カタカナ 2-1

1) テニス

2) カヌー

3) ノート

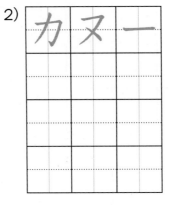

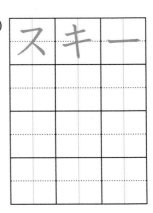

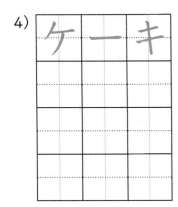

4) テスト

5) ツアー

6) タクシー

7) ネクタイ

8) セーター

9) コーヒー

10) カタカナ

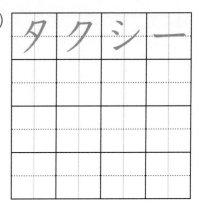

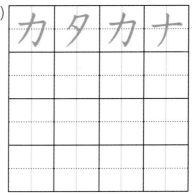

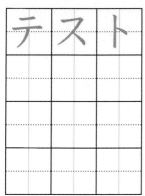

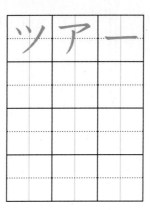

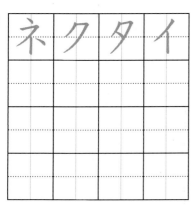

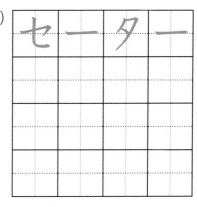

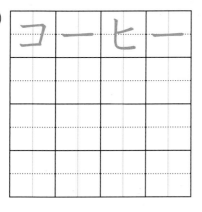

1） メモ

2） タワー

3） ミルク

4） カラオケ

5） フルーツ

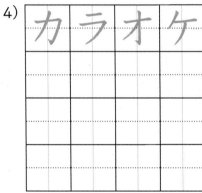

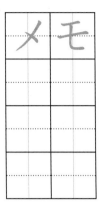

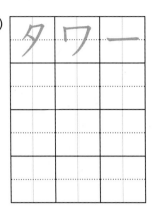

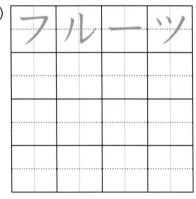

1) ドア

2) ペン

3) パン

4) バス

5) ベッド

6) ゲーム

7) ドラマ

8) アプリ

9) コンビニ

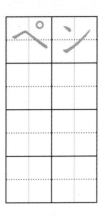

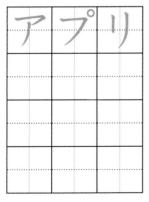

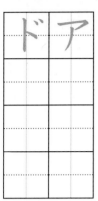

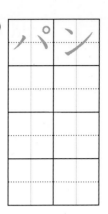

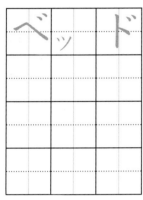

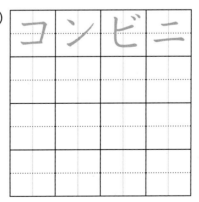

10)

デ	ザ	ー	ト

11)

ア	ル	バ	イ	ト

12)

パ	ス	ポ	ー	ト

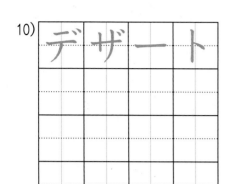

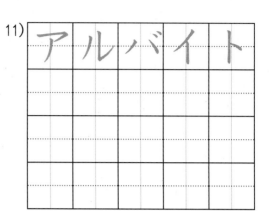

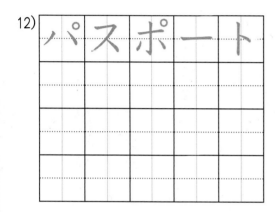

1) シャツ

2) ジャズ

3) ジャム

4) ニュース

5) キャンプ

6) ジュース

7) メニュー

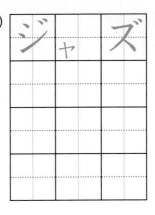

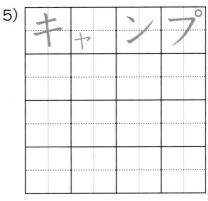

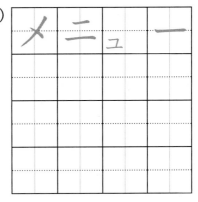

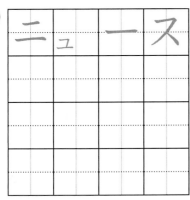

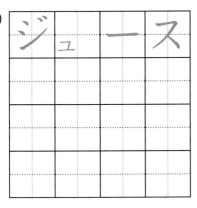

8) チャンス

9) シャンプー

10) ジョギング

11) チョコレート

12) コンピューター

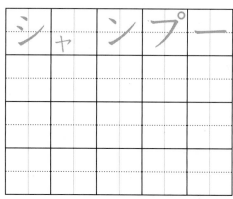

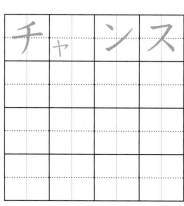

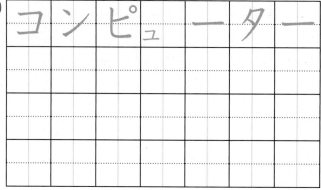